LUCA STEFANO CRISTINI - GIULIO TALINI

L'ESERCITO PRUSSIANO DI FEDERICO IL GRANDE

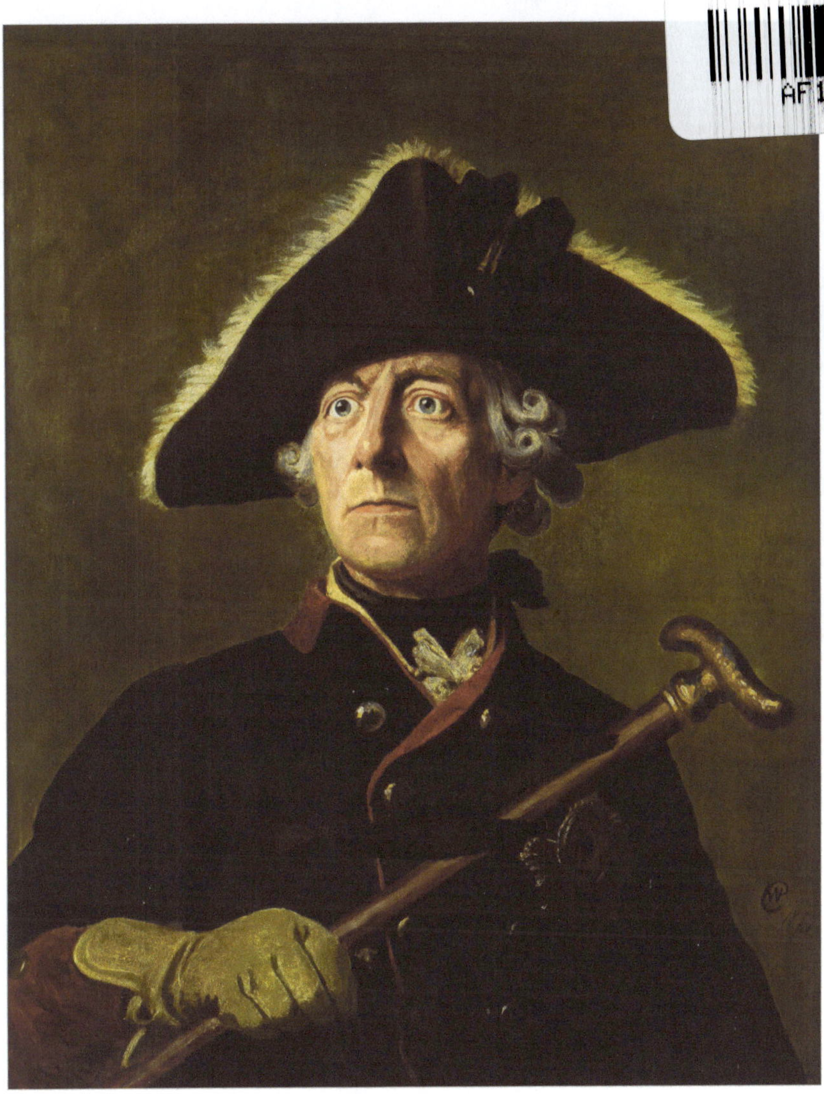

SOLDIERS&WEAPONS 028

PUBLISHING'S NOTES

None of unpublished images or text of our book may be reproduced in any format without the expressed written permission of Soldiershop.com when not indicate as marked with license creative commons 3.0 or 4.0. Soldiershop Publishing has made every reasonable effort to locate, contact and acknowledge rights holders and to correctly apply terms and conditions to Content. In the event that any Content infringes your rights or the rights of any third parties, or Content is not properly identified or acknowledged we would like to hear from you so we may make any necessary alterations. In this event contact: info@soldiershop.com.
Our trademark: Soldiershop Publishing ©, The names of our series: Soldiers&Weapons, Battlefield, War in colour, PaperSoldiers, Soldiershop e-book etc. are herein © by Soldiershop.com.

NOTE ABOUT BOOK PRINTING BEFORE 1925

This book may contain text or images coming from a reproduction of a book published before 1925 (over seventy years ago). No effort has been made to modernize or standardize the spelling used in the original text, so this book may have occasional imperfections such as missing or blurred pages, poor pictures, errant marks, etc. that were either part of the original artifact, or were introduced by the scanning process. We believe this work is culturally important, and despite the imperfections, have elected to bring it back into print (digital and/or paper) as part of our continuing commitment to the preservation of printed works worldwide. We appreciate your understanding of the imperfections in the preservation process, and hope you enjoy this valuable book. Now this book is purpose re-built and is proof-read and re-type set from the original to provide an outstanding experience of reflowing text, also for an ebook reader. However Soldiershop publishing added, enriched, revised and overhauled the text, images, etc. of the cover and the book. Therefore, the job is now to all intents and purposes a derivative work, and the added, new and original parts of the book are the copyright of Soldiershop. On this second unpublished part of the book none of images or text may be reproduced in any format without the expressed written permission of Soldiershop. Almost many of the images of our books and prints are taken from original first edition prints or books that are no longer in copyright and are therefore public domain. We have been a specialized bookstore for a long time so we (and several friends antiquarian booksellers) have readily available a lot of ancient, historical and illustrated books not in copyright. Each of our prints, art designs or illustrations is either our own creation, or a fully digitally restoration by our computer artists, or non copyrighted images. All of our prints are "tagged" with a registered digital copyright. Soldiershop remains to disposition of the possible having right for all the doubtful sources images or not identifies.

LICENSES COMMONS

This book utilize may utilize material marked with license creative commons 3.0 or 4.0 (CC BY 4.0), (CC BY-ND 4.0), (CC BY-SA 4.0) or (CC0 1.0). We give appropriate attribution credit and indicate if change were made below in the acknowledgements field.

ACKNOWLEDGEMENTS

Our book utilize material from the book of Lange, Eduard: Die Soldaten Friedrich's des Grossen. Leipzig : Avenarius & Mendelssohn, [1853]. Our special thanks to ETH-Bibliothek Zürich, Rar 9411, for the permission to iutilize this material.
A Special Thanks to Tuttostoria.net and Paolo Gerolla for their kindly permission to use text and article used in the book.

ISBN: 9788893271899   1a edizione: Gennaio 2017

Title: S&W-028- L'ESERCITO PRUSSIANO DI FEDERICO IL GRANDE
Di Luca Stefano Cristini e Giulio Talini. Editor: Soldiershop publishing. Cover & Art Design: Luca S. Cristini.

In antiporta : Ritratto di Federico II di Prussia dipinto da Wilhelm Camphausen.

INTRODUZIONE

Federico II di Prussia detto il Grande, fu una delle figure più complesse di tutti i tempi. A seconda delle situazioni che lo hanno visto protagonista egli poteva essere brutalmente aggressivo o al contrario profondamente contemplativo, comunque per tutta la vita fu sempre combattuto fra la brama di potere e l'intimo amore, trasmesso dalla madre, per una tranquilla vita intellettuale.

Il suo genio militare è quello che più di tutto lo ha trasmesso alla storia, ma egli fu questo e molto di più. Storico, filosofo, poeta e musicista di un certo spessore.

Amico personale di molti intellettuali del suo tempo, su tutti Voltaire, ma anche l'italiano Algarotti e molti altri, che nella quiete di *"Posdamma"* come dicevano allora gli italiani, trasformarono la sontuosa Sans Souci in un sofisticato circolo di letterati e raffinati artisti.

Tuttavia molto del suo tempo, Federico lo dedicò al rafforzamento e all'ingrandimento dello stato ereditato da suo padre, la Prussia.

E per farlo si dotò, o meglio portò alla sua massima efficienza quel buon esercito che il padre Federico Guglielmo I, il famoso *re sergente* gli aveva trasmesso.

E Federico privo di scrupoli di qualsiasi tipo in campo politico (il brigante di Potsdam lo chiamava con non poche ragioni, l'imperatrice Maria Teresa), per raggiungere tutti i suoi scopi fece ampio uso della bellissima macchina da guerra di cui disponeva e che egli contribuì a portare ai massimi livelli, l'esercito prussiano appunto.

Un piccolo stato, frazionato in una miriade di possedimenti tutti scollegati fra loro, abitato da solo 2.200.000 abitanti ma dotato di un'armata che arriverà a contare fino a 200.000 soldati, il 10% della popolazione.

E' con questo "arnese", illustrato e descritto in questo volume, che Federico va alla guerra. Comincia subito appena fatto re con le due guerre di Slesia, quando il giovane sovrano stupì tutto il vecchio continente con sorprendenti vittorie militari, spesso conseguite in una più o meno ampia inferiorità numerica.

L'apice della gloria però Federico e il suo esercito lo raggiungono con la successiva guerra dei sette anni, combattuta fra il 1756 e il 1763.

Durante questo conflitto la Prussia è sul continente praticamente sola contro le più grandi potenze europee del tempo: l'Austria, la Russia e la Francia. Si trova cioè contro forze immensamente superiori alle sue. Ma è proprio in questo contesto che il genio militare federiciano dà il meglio di sé. Le vittorie di Rossbach, Leuthen, Torgau ecc. Sono ancora oggi accademia per gli studiosi di tattica e strategia.

Il nostro libro comprende le 31 bellissime tavole a colori delle uniformi prussiane realizzate da Adolph Menzel e già pubblicate da Eduard Lange di Lipsia nel 1853. Fanno parte del nucleo di illustrazioni anche molte stupende tavole di Richard Knotel e Carl Rochilng dedicate alla vita di Federico II e del suo amato esercito!

Luca Stefano Cristini

INDICE:

Introduzione	Pag. 3
L'Aquila nera di Prussia	Pag. 5
Federico II: un cauto riformatore	Pag. 10
La Guerra di Successione Austriaca	Pag. 12
La Guerra dei Sette Anni	Pag. 18
Dal mito alla storia	Pag. 28
L'esercito prussiano	Pag. 33
Le uniformi prussiane	Pag. 55
Cronologia delle battaglie principali	Pag. 72
Bibliografia	Pag. 73

Bisogna che un regno sia forte, perché la forza è il solo argomento che si può impiegare con questi cani di re e imperatori.

Federico II di Prussia

L'AQUILA NERA DI PRUSSIA

"La corona è soltanto un cappello che lascia passare la pioggia"

Il cupo tuono dei cannoni risuonò nella piana spoglia che circondava il villaggio di Rossbach intorno alle 15.00. L'attacco colse di sorpresa l'esercito austro-francese, i cui generali, Soubise e Hildburghausen, non si sarebbero mai aspettati un'offensiva del nemico nelle condizioni in cui versava: le forze del regno di Prussia consistevano in appena 22.000 uomini, poco più della metà di quelle avversarie. Eppure quel folle re prussiano, Federico II, che chiamavano il Grande, si muoveva con la sicurezza di chi aveva la certezza di vincere.
Dopo solo un quarto d'ora, uno sciame di cavalieri stava per piombare sulle truppe austro-francesi a tutta velocità. Era il 5 novembre 1757, il giorno in cui l'aquila nera di Prussia volò più alto che mai.

Un esercito in eredità

"La Prussia non è uno Stato che possiede un esercito, ma un esercito che possiede uno Stato".
Così scrisse il marchese di Mirabeau nelle note inviate da Berlino al governo francese.
In effetti la tradizione militare era stata, fin dagli inizi del XVIII secolo, uno dei pilastri dello Stato prussiano. Il suo era un popolo di protestanti nati con il moschetto tra le mani. Ecco perché non può stupire il fatto che sia stata la Prussia a partorire un condottiero del valore di Federico II (1712-1786), certamente una delle massime personalità nel panorama politico-militare dell'Età dei Lumi ed in generale di tutti i tempi, non a caso ammirato sinceramente da Napoleone. Come ogni grandezza, tuttavia, anche la sua ha suscitato negli storici infinite diatribe.
La più accesa e controversa ruota attorno alla seguente domanda: Federico è stato un esponente della tradizionale arte della guerra

▲ Il re di Prussia Federico Guglielmo I. Dipinto di Antoine Pesne.
The Prussian king Frederick William I. Paint by Antoine Pesne.

o l'iniziatore di una nuova? Fornire una risposta (almeno parziale) è il fine del presente scritto.

Il punto di partenza non può che essere il padre di Federico, Federico Guglielmo I, re di Prussia dal 1713 al 1740. Egli è, non casualmente passato alla Storia col soprannome di *"Re sergente"*, per il dinamico riformismo in campo militare.

Non era un segreto che gli eserciti e le armi fossero la sua passione: girava quasi sempre in uniforme e gioiva come un bambino nel vedere il suo reggimento personale di Potsdam composto esclusivamente da giovani alti almeno 1 metro e 88 centimetri (la famosa "Guardia di Giganti di Potsdam").

"Permettete di dar sfogo anche ai miei desideri, voglio avere una gran quantità di buone truppe" disse una volta ai suoi ministri. Qualcuno ha parlato di pazzia, altri di semplice fanatismo, ma sono perlopiù accuse infondate: Federico Guglielmo I, nonostante le eccentriche stravaganze, aveva le idee molto chiare su cosa significasse reggere le sorti di una nazione e su come forgiarla.

I numeri prima di tutto: nel 1713, anno dell'ascesa al trono di Federico Guglielmo I, gli effettivi dell'esercito prussiano ammontavano a 39.947 uomini; alla sua morte, nel 1740, la somma era salita a 81.034. Un raddoppio che rendeva temibile la Prussia, soprattutto se lo si inquadra nel complesso sistema bellico ideato dal *"Re sergente"*, basato su un sistema di reclutamento di tipo cantonale e sul conferimento agli *Junker* delle cariche militari più prestigiose.

Quest'ultimo punto mostra chiaramente l'intento di Federico Guglielmo I di arginare l'autonomia della nobiltà prussiana legandola alle gerarchie delle armate dello Stato.

Nella stessa ottica, furono istituite accademie per addestrare i giovani aristocratici destinati a intraprendere la carriera militare.

La disciplina divenne il segno distintivo dell'esercito prussiano, attraverso l'intensificazione e la pianificazione degli addestramenti: ciascun soldato doveva saper puntare e colpire, spostarsi singolarmente e in formazione, caricare e arrestarsi.

A vederle, perciò, le armate di Prussia dovevano essere una meraviglia: migliaia di uomini, rigorosamente in uniforme e armati fino ai denti, che si muovevano simultaneamente al comando di ufficiali e generali dai nomi altisonanti.

L'esercito regolare divenne, grazie a Federico Guglielmo I, un arto efficiente e minaccioso della monarchia prussiana. Arto che costava ben cinque milioni di talleri annui, una cifra esorbitante se raffrontata al bilancio statale complessivo di sette milioni. D'altra parte era il prezzo da pagare per garantire il continuo apporto di nuove reclute e per controllare da vicino la fin troppo autonoma nobiltà prussiana.

Gli altri Stati d'Europa guardavano alla Prussia, a tutti gli effetti una potenza emergente, con un misto di ammirazione e sospetto, sebbene il *"Re sergente"* avesse mantenuto costantemente una politica di consolidamento, piuttosto che di espansionismo e avesse riconosciuto la tanto discussa Prammatica Sanzione (1713) dell'imperatore Carlo VI. Ma neanche allora potevano immaginare che quell'esiguo Stato tedesco avrebbe di lì a poco diretto le sorti dell'Occidente.

Il futuro Federico il Grande nacque quindi da questo padre severo e militarista soprannominato da tutti il *"Re soldato"* per la cura maniacale delle sue forze armate, con cui paradossalmente non aveva mai fatto una guerra e da una madre, Sophie Dorothea di Hannover, donna di grande sensibilità e cultura, che lo introdusse alla lettura, alla musica, alla filosofia e al francese, lingua degli intellettuali per eccellenza all'epoca.

Il giovane principe mostrò tale devozione ed interesse nelle indicazioni materne da allarmare il padre che voleva un figlio colonnello sempre imbrattato del sangue nemico, e non una *donnuncola* che corre dietro a noiosi libri in latino.. Egli impose quindi una rigida educazione

▲ **Tav. 1 -** Federico il Grande con due generali del suo stato maggiore.
Frederick the Great with two general of his staff.

fisica e studi altrettanto duri con precettori inflessibili, sempre con un occhio attento alla sacra religione protestante. Il giovane Federico tenta allora una ribellione.
Esercito e matematica non gli interessano. Nel 1730 si avventura persino in una rocambolesca fuga con il paggio reale e amico Hans Hermann von Katte, tentativo che finì nel peggiore dei modi: catturati e riconsegnati nelle mani del sovrano, Federico dovette assistere all'esecuzione per il reato di diserzione dell'amico Hans a Küstrin e rischiò anch'egli la pena di morte, ma alla fine il padre fu fortunatamente convinto a rinunciare ai suoi feroci propositi dai suoi ministri, orripilati dall'idea di veder giustiziato l'erede al trono.
Questo triste epilogo lo separò per sempre dal padre verso il quale nutrirà sempre un odio profondo.
Si ritirò in una vita silenziosa, studiano musica e scrivendo oltre ad iniziare un'amicizia epistolare con il famosissimo filosofo francese Voltaire.
Il padre trovò tuttavia il modo di inserirsi pesantemente nella vita del giovane Federico e nel 1733 gli impone un matrimonio per ragione di stato con la principessa protestante Elisabetta Cristina, figlia del Duca di Brunswick, dalla quale non ebbe figli e con cui visse tutta la vita da separato.
Lo stesso Friedrich confidò un giorno alla amata sorella maggiore Guglielmina *"Tra noi non può esserci né amicizia né tantomeno amore"*.
Una volta sul trono egli prese l'accortezza di "allontanare" la moglie, sia pur con tutti gli agi reali in un palazzo a debita distanza dalla sua residenza. Curiosamente la morte del tirannico padre, vissuta senza particolare dolore dal figlio, provocò una sottile ma consistente trasformazione nell'animo e nel carattere del giovane sovrano. Investito di nuove responsabilità egli smise i panni dell'intellettuale e si mise risolutamente a governare il suo paese, non senza prima lasciandoci scritta la seguente curiosa postilla: *"Spero che i posteri, per cui scrivo, sapranno distinguere in me il filosofo dal principe, l'uomo integro dal politico"*.

▲ Il Regno di Prussia nel settecento comprendeva una nutrita serie di staterelli ed enclave sparpagliati nel nord della Germania: il ducato di Cleves e le contee di Mark e Ravensburg a ovest, il Brandeburgo e buona parte della Pomerania al centro, oltre che il ducato di Prussia molto ad est, da cui era diviso a causa delle terre polacco-lituane che si affacciavano sul Baltico.

▲ **Tav. 2 -** Moschettieri del 13° Reggimento di fanteria.(1751-1759)
Muskeeter of 13th Infantry regiment.(1751-1759)

Federico II: un cauto riformatore

Il 31 maggio 1740 Federico Guglielmo I si spegneva a Potsdam. Il successore era il figlio, Federico II (1712-1786), giovane uomo molto promettente.
Quando ancora era principe in Europa si parlava già di lui come di un futuro re-philosophe. Amico stretto di Voltaire e di un gran numero di intellettuali del periodo, aveva estasiato gli ambienti colti europei con un'operetta che scrisse nel 1739, intitolata *"Anti-Machiavel"*, in cui contestava aspramente la dottrina del *"Principe"* di Machiavelli e teorizzava la necessità per il monarca di perseguire la pace e l'equilibrio, secondo i dettami della Ragione e della rettitudine. Niente a che vedere con la rigida austerità del padre, che infatti ebbe sempre un rapporto burrascoso col figlio.

Ma Federico si interessava anche di guerra. All'epoca in cui divenne re, aveva già avuto modo di viverla sulla propria pelle, quando aveva combattuto in qualità di colonnello di fanteria al servizio della Prussia nella Guerra di Successione Polacca (1733-1738).
In quell'occasione aveva visto di persona una leggenda vivente, il vecchio Eugenio di Savoia, famosissimo generale che, sotto le insegne imperiali, aveva vinto battaglie su battaglie contro infiniti nemici, dagli Ottomani ai Francesi. Esperienze tra i ranghi dell'esercito come questa diedero a Federico gli spunti per approfondire la sua concezione di guerra, messa poi in pratica, una volta asceso al trono, nei conflitti con le altre potenze europee e nelle riforme in campo militare.
Prendendo le mosse dall'analisi di queste ultime, tuttavia, non è certamente possibile affermare di essere di fronte a un grande innovatore, né tanto meno a un genio. Federico infatti, in termini generali, raramente mutò gli indirizzi del padre nell'organizzazione e nella strutturazione dell'esercito, avendo piuttosto avuto la tendenza ad accentuarli. Anzitutto lasciò intaccati i privilegi della nobiltà di Prussia riguardo agli incarichi militari, portando a pieno

▲ Ritratto giovanile di Federico II di Prussia.
Portrait of a young Frederick, king of Prussia.

▲ **Tav. 3 -** Ufficiali di fanteria: da Sinistra 18° Reggimento, 11° btg Guardia (13° regg.) e Btg granatieri Guardia.
Infantry officers: from left 18th regiment, 11th btg of Guard (13th rgt.) And Guard grenadier Btg.

compimento l'opera di integrazione degli Junker nella macchina statale e di rigida gerarchizzazione sociale.

Analoghe considerazioni valgono per il sistema di reclutamento a base cantonale e per la tendenza all'aumento costante degli effettivi, il cui ammontare prima del 1760 si impennò all'incredibile somma, per una stato tanto piccolo di ben 160.000 uomini.

Non mutò neanche l'entità degli investimenti nel settore bellico, che, come nota Geoffrey Parker, corrispondeva al 90% delle entrate statali.

Una consistente innovazione, ad ogni modo, si registra nell'ambito dei rifornimenti alle truppe, settore che Federico II si trovò costretto a migliorare, visto il massiccio impiego di uomini in aspri e lunghi conflitti, una questione che Federico Guglielmo I non aveva mai dovuto fronteggiare.

Furono implementate notevolmente le produzioni di armi, di polvere da sparo e di munizioni, garantendone la fornitura alle truppe con un efficiente sistema di approvvigionamento.

Lo stesso Federico, fondatamente, una volta scrisse:

"Non scarseggiò mai all'esercito il necessario, anche se abbiamo avuto alcune campagne che ci sono costate 40.000 moschetti e 20.000 cavalli".

La medesima cura era riservata ai viveri: sempre Parker riporta che *"nel 1776 i soli depositi militari di Berlino e di Breslavia contenevano duemila tonnellate di grano o di farina, sufficienti a nutrire un esercito di 60.000 uomini per due anni"*.

I benefici di un meccanismo di rifornimenti senza eguali in Europa si riscontravano in termini di rapidità e di ordine, due componenti che vedremo essere fondamentali nelle guerre di Federico II.

Ciononostante, quanto si è detto finora non pare dare retta a coloro che hanno visto in Federico l'iniziatore di una nuova stagione dell'arte bellica: il suo riformismo fu, in un certo senso, cauto e prudente, mai mirato a stravolgere i cardini del sistema pensato da Federico Guglielmo I.

Il vero cambiamento rispetto alla tradizione passata, semmai, emerge dai conflitti su vasta scala di cui la Prussia di Federico II fu protagonista assoluta, all'insegna dell'innovazione.

La guerra di successione austriaca

L'imperatore del Sacro Romano Impero, Carlo VI, moriva nell'ottobre del 1740. Aveva dedicato gli ultimi anni della sua vita a fare in modo che le potenze europee riconoscessero come sua erede al trono la figlia Maria Teresa. A tal fine aveva addirittura modificato le regole tradizionali di successione della Casa D'Austria, ammettendovi anche le discendenti di sesso femminile.

Ciononondimeno, dopo la sua dipartita, la posizione degli Asburgo risultava inevitabilmente fragile e il clima internazionale era tutt'altro che disteso.

Fu allora che Federico II, il nuovo re di Prussia, la scommessa dell'Illuminismo, varcò il suo Rubicone, con enorme scandalo dell'Europa intera: nel dicembre dello stesso anno, senza dichiarazione di guerra, invase la Slesia, territorio asburgico ricco di risorse.

Il Vecchio Continente, mosso da reazioni contrastanti, precipitò nel caos. Nel giro di poco a fianco della Prussia si formò una coalizione anti austriaca composta dalla Francia di Luigi XV, dalla Spagna e dalla Baviera, il cui elettore, Carlo Alberto, vantava pretese sulla successione.

Si schierarono dalla parte dell'Impero l'Inghilterra, l'Olanda e, in seguito, i Savoia.

Federico II era al centro della tempesta. Allora il suo azzardo fu ritenuto un subdolo attacco del demone protestante al cuore pulsante del Cattolicesimo. Il re di Prussia, dal canto suo, si giustificò sostenendo che fosse un suo diritto quello di non riconoscere Maria Teresa come imperatrice.

In realtà non c'era niente di elevato o di complesso nell'agire di Federico: da freddo calcolatore,

▲ **Tav. 4 -** Tamburino del 19° Reggimento, 1731-1763 (Margraf Karl)
Drummer of 19th Infantry regiment 1731-1763 (Margraf Karl)

aveva preso atto della debolezza dell'Impero asburgico e aveva colto l'attimo, ribaltando in pochi giorni la politica estera che il padre aveva condotto per anni.

Non aveva neppure dichiarato guerra preventivamente, venendo meno a ogni buona regola dei conflitti armati: mentre nel corso del Seicento e della prima metà del Settecento, al fine di risolvere i contrasti internazionali, prima si ricorreva alla diplomazia e, solo in caso di fallimento, si passava alla guerra, Federico ricorse anzitutto alla guerra, lasciando alla diplomazia il mero compito di ratificare quanto conquistato sul campo.

Sovvertì dunque i valori tradizionali dello scontro armato, conferendo alle operazioni militari un valore di assoluta preminenza.

Più tardi avrebbe scritto: *"Sono le battaglie che decidono il destino di una nazione"*.

In tutto ciò l'elemento di modernità, di rottura col passato è innegabile. Una conferma? Napoleone, superbo genio creativo, avrebbe fatto di questo modus operandi uno dei pilastri della sua arte militare, abbandonando definitivamente le cautele che un re del XVIII secolo non poteva non avere.

Per quanto riguarda il fronte prussiano, l'andamento della guerra fu costantemente favorevole alle forze attaccanti. Non senza ragione, Federico II avrebbe definito la lotta per la Slesia il suo *"appuntamento con la gloria"*.

Già nel gennaio del 1741 gran parte della regione era sotto il suo controllo. Eppure Podewils e

▲ La battaglia di Mollwitz fu combattuta il 10 aprile del 1741 fra il regno di Prussia e l'Austria; per la prima volta in quella battaglia Federico il Grande si trovò a fronteggiare in campo aperto il potente esercito austriaco; fu un importante scontro della prima guerra di Slesia durante il quale (caso piuttosto raro per l'epoca) unità di fanteria riuscirono vittoriose in campo aperto sulla cavalleria. (Incisione di Carl Rochling)

▲ **Tav. 5 -** 22° Reggimento di fanteria nel 1741 (fino al 1760 Principe Maurizio di Anhalt-Dessau)
22th Infantry regiment in 1741 (just to 1760 Prince maurice of Anhalt-Dessau)

Schwerin, i principali consiglieri del re di Prussia in politica estera, invitavano il loro sovrano alla cautela, al compromesso. Federico II, tuttavia, da amante del rischio, pensava solo in termini di opportunità e di ragion di Stato: le questioni dinastiche e i cavilli diplomatici erano materiale per giuristi.

Dopo aver riportato una fortunosa vittoria sulle truppe austriache a Mollwitz (aprile 1741), Federico II sembrò soddisfatto dei risultati ottenuti e, senza alcun riguardo per gli alleati nel conflitto, nella primavera del 1742 si accordò con Maria Teresa per uscire dalla Guerra di Successione Austriaca in cambio della cessione definitiva della Slesia.

Ma non ci volle molto perché stravolgesse di nuovo i suoi piani: di fronte al prodigioso risollevarsi della monarchia asburgica e al rischio di un attacco a sorpresa, dei patti presi fece carta straccia. Federico II rientrò così nel conflitto nell'agosto del 1744, spiazzando la diplomazia austriaca ancora una volta.

Nonostante alcuni rovesci iniziali, la sua conduzione della guerra in questa seconda fase fu assolutamente impeccabile. La battaglia più degna di nota fu senza dubbio quella di Hohenfriedberg, combattuta nel giugno del 1745.

Gli Austriaci e i Sassoni, condotti da Carlo di Lorena, erano venuti a sfidare il nemico con circa 58,000 uomini. Erano in cerca del riscatto e certi di avere ottime possibilità di vittoria.

Federico II, dal canto suo, era intenzionato a vendere cara la pelle, soprattutto perché non poteva essere da meno dell'alleato francese, Luigi XV, che da poco aveva conseguito un brillante trionfo a Fontenoy.

Lo scontro iniziò all'alba. Federico II prese l'iniziativa, come del resto faceva sempre, e sperimentò il suo famoso "ordine obliquo" di tebana memoria.

Si trattava dello stratagemma per cui, piuttosto che impegnare il nemico su tutta la linea, si facevano avanzare unità di fanteria a scaglioni contro il fianco avversario, mentre un corpo d'avanguardia si scontrava con il centro. Schiacciata dalla pressione insopportabile, l'ala nemica finiva per cedere.

A questo punto la cavalleria pesante, cui Federico II attribuiva enorme rilevanza, interveniva per incunearsi nelle falle createsi nello schieramento avversario, con una carica spettacolare e distruttiva, assestando il colpo di grazia all'esercito nemico.

Ogni cosa andò alla perfezione: Hohenfiedberg fu la più straordinaria vittoria ottenuta dal re di Prussia nella Guerra di Successione Austriaca.

Grazie alla ferrea disciplina e alle tattiche ardite, Federico II e i suoi uomini mantennero il controllo del campo per tutta la durata dello scontro.

Con tono beffardo, dopo la battaglia il re di Prussia scrisse a Luigi XV:

"Ho onorato il guanto di sfida che sua Maestà mi ha lanciato a Fontenoy".

Vincendo poco dopo anche a Soor, costrinse gli Asburgo a siglare una nuova pace a Dresda nel dicembre del 1745: la Slesia era definitivamente acquistata dal regno di Prussia, che aggiungeva un milione di nuovi sudditi alla sua popolazione.

Federico II usciva di scena dalla Guerra di Successione Austriaca, che sarebbe durata fino al 1748, da vincitore. Sul campo di battaglia aveva raggiunto i suoi obiettivi diplomatici, senza curarsi né della tradizione, né di agire in armonia con gli alleati, né della lealtà verso gli Asburgo. Nel frattempo negli ambienti militari d'Europa, tra l'ammirazione e lo scandalo, non si parlava d'altro che di quel re di Prussia che aveva sconfitto Maria Teresa d'Austria con metodi brutali.

Il tanto chiacchierato Federico II, perennemente alla ricerca di gloria, aveva trovato qualcosa di più: un posto nella Storia.

▲ **Tav. 6 -** Jager a cavallo e granatieri del 27° Reggimento di fanteria
Jager at horse and grenadiers of 27th infantry regiment.

La Guerra dei Sette Anni

A parte la Prussia, non c'era Stato in Europa che potesse dirsi soddisfatto di quanto ottenuto dalla Guerra di Successione Austriaca. D'altra parte il Settecento era un'epoca "di guerra continua" proprio perché le parti belligeranti puntavano al logoramento dell'avversario, non all'annientamento.
Raramente perciò un conflitto risultava tanto decisivo da stravolgere gli assetti territoriali europei in modo soddisfacente per il vincitore.
La corona d'Austria, in particolare, vedeva nella Prussia il suo nemico naturale. Wenzel Anton principe di Kaunitz-Rietberg, il cancelliere di Stato austriaco, già nel 1749 dettò l'agenda per il così detto *"démembrement"* (smembramento) della Prussia, col fine dichiarato di farla tornare l'insignificante nazione che era.
Per anni i suoi progetti rimasero inascoltati, almeno fino a quando nel 1756 la diplomazia prussiana non si avvicinò a quella inglese. Solo allora la Francia di Luigi XV, preoccupata dalla politica estera della rivale Inghilterra, si avvicinò all'Austria, che da nemica di vecchia data adesso diveniva una preziosa alleata. Lo stesso fece la Russia, interessata a espandersi a ovest a spese di Federico II.
Kaunitz era riuscito a rovesciare l'antico sistema di alleanze, in vista dell'imminente rivincita sulla

▲ Federico il Grande circondato dal suo staff alla battaglia di Leuthen, quadro di Hugo Ungewitter.
Frederick the Great and his staff at the Battle of Leuthen by Hugo Ungewitter

▲ Tav. 7 - 2° Reggimento corazzieri (dal 1701 al 1742 Kronprinz regg., dal 1742 al 1758 Prinz of Preussen)
2nd cuirassier regiment (Kronprinz regt, from 1701 to 1742 and prinz of Preussen from 1742 to 1758).

▲ Il primo battaglione della Guardia prussiana a Kolin del 18 giugno 1757, prima grave sconfitta di Federico II.
The first battalion of Prussian grenadier of the Guard at Kolin of 18 June 1757

Prussia che si preannunciava nefasta per le bandiere federiciane. La guerra era nell'aria.
A Federico toccò di nuovo il compito di passare ai fatti: nell'estate del 1756 invase la Sassonia, territorio neutrale del Sacro Romano Impero. Avrebbe preferito non combattere quella guerra ma, una volta constatata la sua chiara inevitabilità, ritenne opportuno avere almeno l'iniziativa in modo da imprimere al conflitto la propria impronta.
Come conseguenza dell'offensiva prussiana, il sistema delle alleanze ideato da Kaunitz si mise in moto e l'Europa si preparò a combattere ancora. I generali austriaci, francesi e russi ritenevano di conoscere bene Federico II ed erano sicuri che l'effetto sorpresa e le bizzarre tattiche prussiane stavolta non avrebbero raggiunto lo scopo.
E avevano ragione: il feldmaresciallo Leopold Daun inflisse nel 1757 una tremenda sconfitta all'esercito prussiano che invadeva la Boemia a Kolin.
Federico II, secondo il suo tipico modo di condurre i conflitti armati, aveva tentato di mantenere una condotta offensiva pur essendo in condizione di doversi difendere ed era riuscito ad attirare il nemico in una grande battaglia. Ma una cosa era andata storta: era stato battuto sul campo, un fatto, questo, che metteva a repentaglio la sua intera strategia.
Ora si trovava con delle finanze statali dissanguate e con la concreta minaccia di una guerra su più fronti. La Pomerania fu occupata dagli Svedesi, da poco cinicamente entrati nel conflitto, la Prussia Orientale dai Russi, l'Hannover dai Francesi, la Slesia dagli Austriaci.
Il nemico era ovunque. Contro ogni pronostico, tuttavia, fu proprio nella fase più drammatica che la Prussia avesse mai vissuto che Federico II le regalò il capolavoro militare più spettacolare

▲ **Tav. 8 -** Ufficiale del 8° Reggimento corazzieri (dal 1757 al 1763 Von Seydlitz)
Officer of 8th cuirassier regiment (Von Seydlitz, from 1757 to 1763)

del XVIII secolo. Mantenere separati gli eserciti nemici per poi annientarli ad uno ad uno singolarmente: tale fu la strategia che Federico II elaborò. Strategia che difficilmente un generale della sua epoca avrebbe osato mettere in atto, perché presupponeva la volontà di impegnarsi in continui scontri decisivi, di mantenere costantemente l'offensiva e di essere rapidi in ogni movimento.

Nelle "Istruzioni Segrete" del 1748, inviate ai suoi comandanti, il grande condottiero prussiano aveva già illustrato sotto un profilo teorico questa idea quando scrisse: *"Le nostre guerre dovrebbero essere brevi e violente [...] Dovrete costringere il nemico a combattere appena vi avvicinate"*.

Anche in questo emerge il distacco di Federico dalla tradizione precedente, che non di rado si tramutava in altezzoso disprezzo.

Dopo la Guerra di Successione Austriaca lo si poteva sentire spesso sentenziare sull'inutilità delle "guerre di posizione" dei suoi tempi o sulla necessità di mantenere sempre l'iniziativa, con ogni mezzo, dall' "astuzia" al "tradimento".

Il passaggio da una guerra di tipo settecentesco, fortemente connotata da elementi cavallereschi, ai conflitti su vasta scala dell'Ottocento, avvenuto con l'esperienza napoleonica, poggiò proprio su queste basi gettate anzitutto da Federico il Grande.

Siamo tornati così a quel 5 novembre 1757 dal quale il nostro racconto è iniziato.

Nei pressi del villaggio di Rossbach Federico II affrontò le truppe austro-francesi che attaccavano da ovest e che, a suo dire, costituivano il pericolo maggiore.

Aveva di fronte a sé un esercito di 41.000 uomini col morale alto e ben addestrati. Disponendo di soli 22.000 soldati, Federico poteva solo contare sul suo estro militare.

All'ora di pranzo, nella calma apparente che precede ogni battaglia, un capitano prussiano riconobbe attraverso il suo cannocchiale i movimenti del nemico, che tentava l'aggiramento.

Federico, senza esitazione, mosse immediatamente all'attacco per sorprendere l'esercito austro-francese. Dapprima scatenò violente raffiche di artiglieria sullo schieramento avversario, visibilmente in stato confusionale. Dopo solo un quarto d'ora von Seydlitz condusse due cariche furiose che valsero a disperdere numerosi reparti nemici.

L'intervento della fanteria prussiana durò solo pochi minuti e si limitò semplicemente a dare il colpo di grazia a un esercito già atterrito e sul punto di ritirarsi.

In sole due ore Federico II, in grossa inferiorità numerica e in condizioni disperate, aveva sbaragliato le truppe nemiche, causando un tremendo smacco alla reputazione della Francia, rimasto invendicato fino a Napoleone e alla battaglia di Jena del 1806.

Quella di Rossbach fu una battaglia "breve e violenta", vinta attraverso la rapidità degli spostamenti e l'effetto sorpresa. Per lo storico di oggi costituisce il manifesto delle concezioni strategiche di Federico il Grande.

Dopo questo primo trionfo, l'esercito prussiano marciò rapidamente verso la Slesia, dove a dicembre riportò una strabiliante vittoria sulle truppe austriache condotte da Carlo di Lorena e dal feldmaresciallo Daun presso Leuthen.

Nello scontro impiegò di nuovo il suo "ordine obliquo", ulteriormente perfezionato.

A questo punto toccava ai Russi: nell'estate del 1758 li affrontò nella grande battaglia di Zorndorf. Fu una carneficina, ma alla fine i Prussiani risultarono padroni del campo.

La piccola Prussia, per il momento, aveva tenuto testa a una coalizione composta dagli Stati più potenti d'Europa. Era la vittoria di Davide contro Golia.

Il prosieguo della Guerra dei Sette Anni per i Prussiani non fu altro che un susseguirsi di rovesci (come la disfatta di Kundersdorf, 1759) e successi (come la battaglia di Liegnitz e

▲ **Tav. 9 -** 1° Reggimento dragoni e tromba del 3° Reggimento corazzieri
1st Dragoon regiment and trumpet of 3rd Cuirassier regiment

quella di Torgau, entrambe combattute nel 1760), che non risultarono mai determinanti. All'inizio del 1762 le parti del conflitto erano sfinite.

La Prussia, per esempio, aveva prosciugato la gran parte delle proprie risorse economiche. Alla fine della guerra, infatti, come nota Füssel, *"il Paese dovette dipendere dai sussidi dall'estero, dalla manipolazione della moneta o dallo sfruttamento dei territori conquistati"*.

Anche la Francia, sconfitta su tutti i fronti coloniali dall'Inghilterra, era sull'orlo del collasso. A tutto ciò si aggiunse la morte dell'energica zarina Elisabetta I di Russia nel gennaio dello stesso anno, cui succedette Pietro III.

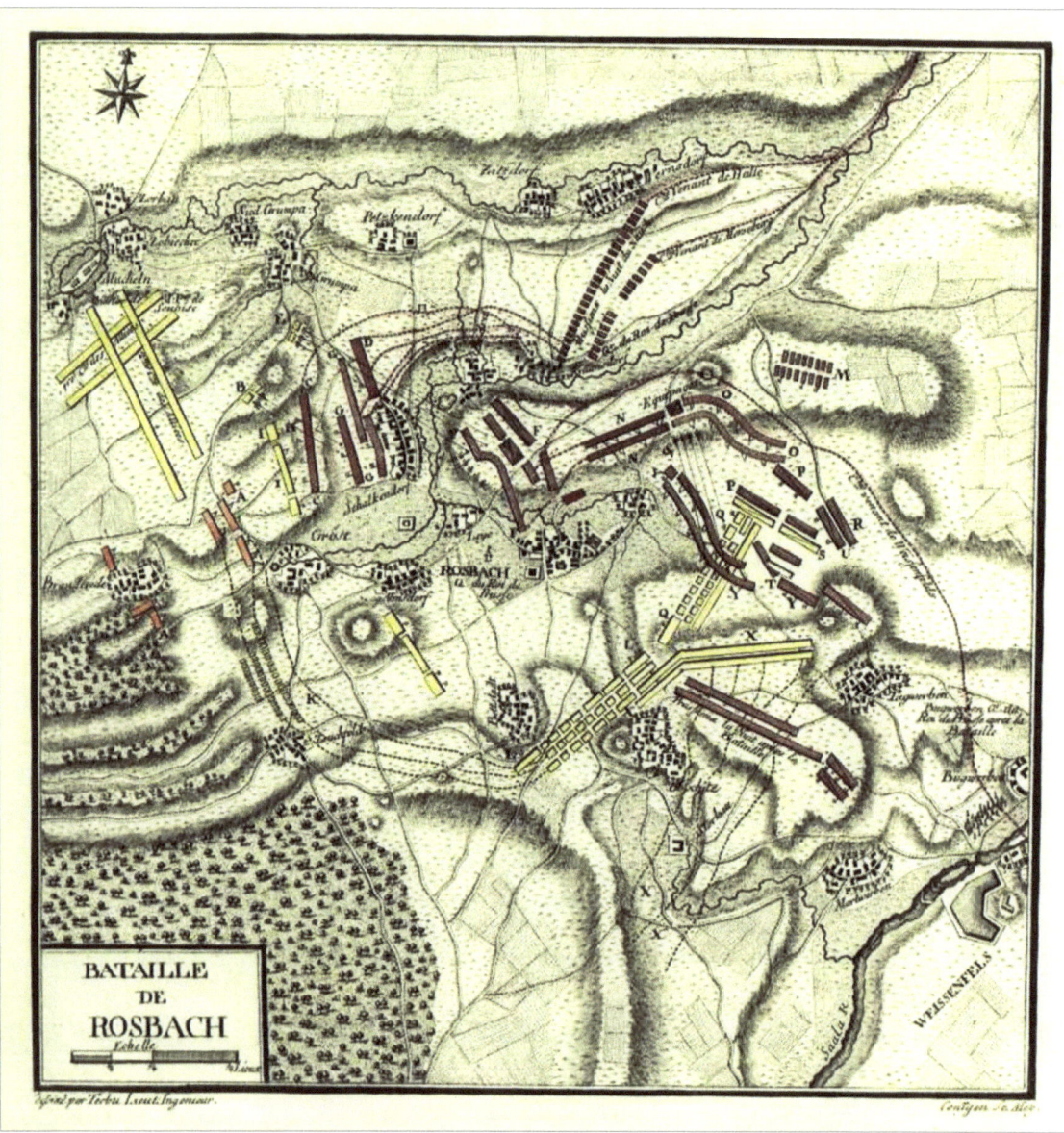

▲ Mappa della battaglia di Rossbach. Il più grande successo conseguito da Federico il Grande.
Map of the Rossbach battle the most famous victory of the king of Prussia.

▲ **Tav. 10 -** Ufficiale 4° Reggimento ussari e reggimento granatieri a cavallo.
Officer 4th Hussar regiment and men of the Horse grenadier regiment.

Per quest'ultimo Federico il Grande era un mito, una leggenda, un esempio da seguire. L'ammirazione del nuovo zar per il sovrano di Prussia lo spinse a siglare una pace separata a San Pietroburgo, con la quale la Russia usciva dal conflitto.

La Svezia poco dopo fece lo stesso. A questo punto, non c'era monarca in Europa che volesse realmente proseguire la guerra: l'ora delle trattative era giunta.

I negoziati di pace di svolsero tra il 1762 e il 1763 a Parigi e a Hubertusburg.

Per quanto riguarda la Prussia, Federico II ottenne il ripristino dello status quo ante bellum, Slesia compresa. Con ciò la Sassonia veniva liberata e la pace tornava sovrana sull'impero.

Per tali motivi, storici come Burckhardt hanno ritenuto che gli Asburgo siano stati i veri vincitori del conflitto sul continente europeo. A questa tesi, tuttavia, si potrebbe ribattere che, da un lato, Maria Teresa non aveva riacquistato la Slesia e, dall'altro, Federico II era riuscito, vanificando i piani di Kaunitz, ad affermare la statualità della Prussia, elevandola *"a potenza riconosciuta nel concerto delle potenze europee"*.

Sarebbe perciò più corretto parlare di un parziale raggiungimento di scopi, sia nel caso austriaco che in quello prussiano. Tanta morte per insignificanti risultati.

▲ Federico II si intrattiene coi suoi dragoni prima della vittoriosa battaglia di Liegnitz del 15 agosto 1760
Frederick II speak with his dragoons before the great victory of Lignitz of 15 August 1760.

▲ **Tav. 11 -** Ufficiale 4° Reggimento Dragoni nel 1756
Officer 4th Dragoon regiment in 1756

Dal mito alla storia

Quando Napoleone, giunto a Potsdam, visitò la tomba di Federico II, deceduto nel 1786, ordinò ai suoi uomini di levarsi il cappello, perché, se quell'uomo fosse stato ancora in vita, loro non sarebbero giunti fin lì.
Oggi è tuttavia lecito domandarsi se Federico, da un punto di vista storico militare, meriti tanta ammirazione.
Abbiamo già trattato degli elementi di conservazione che caratterizzavano il suo esercito ma, riflettendo sulle guerre di cui fu protagonista, potremmo aggiungerne un altro.
Considerati gli esiti della Guerra di Successione Austriaca e della Guerra dei Sette Anni, il principale acquisto di Federico fu la Slesia, non rilevando in questa sede i territori ottenuti per via diplomatica dopo la prima spartizione della Polonia (1772).
E' chiaro perciò che, sotto questo profilo, Federico il Grande non dimostrò di essere diverso dagli altri sovrani del suo tempo: non perseguì mai l'obiettivo di annientare un nemico, ma si propose solo di logorarlo o di sottrargli regioni strategicamente utili.
Scriveva nel 1775:

"Tutto quello che allo stato attuale di cose i principi possono aspettarsi come maggiore beneficio, accumulando più successi, è di annettersi alcune cittadine di frontiera o dei territori, che non pagheranno mai gli interessi delle spese sostenute in guerra".

D'altro canto non disponeva dei mezzi necessari per condurre un'offensiva in grado di sottomettere un popolo intero o una nazione.
Basti pensare che nelle sue battaglie, anche in caso di vittoria, poteva morire o restare ferito fino al 40% delle sue truppe.
Ma Federico non fu solo questo. Come condottiero, concepì un'idea di guerra non solo personale, ma per molteplici ragioni anche moderna.
L'efficienza, la disciplina e la rapidità di fuoco e di spostamento, cardini del suo stile di condurre le battaglie, sarebbero stati, a partire da Napoleone, i requisiti fondamentali per ogni esercito che avesse la pretesa di definirsi tale. Se quest'ultimo punto gli garantì notevole ammirazione, non

▲ Incisione di Federico II di Prussia.
Portrait of Frederick II, king of Prussia.

▲ **Tav. 12 -** Fuciliere del 4° e del 48° Reggimento di fanteria
Fusilier of 4th and 48th regiment of infantry.

altrettanto fecero le sue continue violazioni del codice etico che regolava i conflitti del XVIII secolo. Le sue "scorrettezze", tuttavia, sono indice di una mentalità vicina al superamento di tutto un sistema militare connotato di elementi cavallereschi e fortemente radicato nella cultura dell'Ancien Régime.

Ancor più importante fu poi la sua elaborazione strategica. I re del suo tempo combattevano all'insegna della prudenza e della cautela; Federico, al contrario, attaccava sempre e sperimentava, a suo rischio e pericolo, tattiche ardite.

Puntava tutto su una battaglia, su una manovra, su una carica di cavalleria e le sue, nonostante le perdite, erano vittorie spesso decisive. La guerra "breve e violenta" sarebbe rimasta l'obiettivo di un'infinità di generali e sovrani dopo Federico II arrivando addirittura fino al XX secolo.

La staticità dei conflitti seicenteschi e settecenteschi rivelò la sua intrinseca fragilità proprio grazie ai folgoranti trionfi di Federico. Questa, si può dire, fu la sua conquista più duratura in campo militare.

Tenendo conto di tali elementi, quale risposta dovremmo fornire alla domanda iniziale? Risulterà evidente che Federico II di Prussia non sia stato né un innovatore assoluto né un mero esponente della tradizionale arte bellica. Le sue guerre furono il principio di un cambiamento epocale, ma rimasero contraddittoriamente sospese tra passato e futuro, tra conservazione e innovazione, tra Ancien Régime e contemporaneità.

Ci vollero la Rivoluzione Francese e Napoleone per compiere il passaggio definitivo a una guerra del tutto nuova. Federico infatti si incamminò cautamente sulla strada della modernità ma, allo stesso tempo, non si lasciò mai alle spalle lo spirito di un'epoca al tramonto, né come re né come condottiero. Eppure è proprio questo enigmatico scontro interiore tra culture della guerra e dello Stato diametralmente opposte che lo rende tanto affascinante.

Non spingiamoci oltre: alla Storia non si può chiedere altro. Tutto il resto è leggenda.

▲ Tav. 13 - sottufficiale Reggimento di guarnigione nr. 8, Feldpost e oboista dell'artiglieria a piedi.
NCO of 8th Garrison regiment, feldpost and musician of artillery regiment

▲ Incisione con Federico il Grande circondato dagli ufficiali dei granatieri. "Sei ancora il vecchio Fritz ! Vogliamo dividere tutti i pericoli con te, vorremmo morire per te.

Frederick the Great in an engraved scene meeting with officers in pointed hats. "You are still the old Fritz!. You share all dangers with us. We would like to die for you.

L'ESERCITO PRUSSIANO

Dobbiamo tornare al 1525 per ricordare il fondatore del primo ducato prussiano. Albrecht Hohenzollern, fu l'ultimo *Hochmeister* dell'Ordine Teutonico sul Baltico. Egli aveva abbracciato il protestantesimo e secolarizzato i domini dei monaci-cavalieri. Ci vollero altri 200 anni ancora per trasformare il ducato in regno, ed i suoi sovrani in *Kurfürst*, cioè Principi-Elettori – del Sacro Romano Impero della Nazione Germanica titolari effettivi per il Brandeburgo.
Questi prussiani combatteranno poi la sanguinosa ed estenuante Guerra dei Trent'anni (1618-1648), il conflitto religioso più crudele che mai l'Europa aveva visto, guadagnandosi con essa alcune terre in Pomerania e una certa nomea militare, rimanendo comunque una potenza di secondo piano nel grande scacchiere continentale.
Tutto questo status sarebbe durato sino al 1740, quando il ventottenne Federico salì sul trono del padre col nome di Federico II.
Il nuovo sovrano ebbe in eredità un'armata di oltre 80.000 uomini.
Un esercito "pittoricamente" allestito dal padre Federico Guglielmo I, il famoso re sergente!
L'augusto padre re Federico Guglielmo I di Prussia, per altro noto per uno stile personale di vita alquanto incline ai rapporti con l'altro sesso, era solito affermare: *"la più bella ragazza o donna del mondo potrebbe lasciarmi indifferente; i soldati, invece, sono il mio punto debole!"*.
La storia delle eccentricità di questo re non sono poche; fra le tante ne raccontiamo una.
Alla rivista militare di Mühlberg egli scambiò con l'elettore di Sassonia la preziosa collezione di porcellane cinesi appartenuta a suo padre con un reggimento di dragoni perfettamente equipaggiato…
Ebbe una curiosa ed eccentrica passione per i *"giganti"*, uomini di grossa taglia per comporre un suo inusuale reggimento di granatieri. A tale scopo sguinzagliò i suoi emissari in tutta Europa alla ricerca di questi omoni..
Fu quindi già il padre di Federico il Grande, il già citato Federico Guglielmo I, con il quale fra l'altro il figlio ebbe non pochi screzi, a dedicare tutte le sue energie e tutte le risorse del paese al potenziamento dell'esercito. Stato piccolo e relativamente povero, soprattutto se paragonato alle grandi potenze dell'epoca come Francia, Gran Bretagna e impero Austriaco.
La Prussia, sotto la guida del *"Re Sergente"*, provvide alla creazione di un esercito formidabile, basato su training che prevedevano la ripetizione ad infinito degli stessi esercizi e delle stesse manovre, nonché su una disciplina rigidissima, fondata sul fatto – come era solito sostenere Federico il Grande – che *"in linea di principio il soldato prussiano deve temere il proprio ufficiale più del nemico"*. Il sistema si rivelò efficace, anche se fu costantemente travagliato dalla piaga delle diserzioni, poiché per chiunque era difficile resistere a lungo al tipo di coercizioni cui era sottoposto.
Sotto il profilo tecnico, quello prussiano fu il primo esercito europeo a mettere concretamente in atto i perfezionamenti resi possibili dalla transizione dall'archibugio al moschetto, partendo dalla scuola olandese che già dalla guerra dei 30 anni aveva mostrato la sua superiorità.
Questa arma era infatti era più leggera e maneggevole dell'arma precedente, e soprattutto poteva essere utilizzato dai fanti stando vicinissimi gli uni agli altri, senza che ciò comportasse rischi per la loro incolumità personale, visto l'alto numero di incidenti allo sparo del vecchio fucilone.
Per di più Federico e suo padre favorirono un addestramento maniera maniacale, spendendo un

▲ Federico corre incontro a Zieten l'eroe di Torgau per abbracciare il suo vecchi e fedele camerata
Frederick the Great meet the cavalry commander Von Zieten during the blooded battle of Torgau

numero incredibile di ore nei poligoni di tiro e nelle piazze d'armi, i soldati prussiani – una volta completato il loro ciclo formativo – riescono a compiere le 22 manovre necessarie al caricamento dell'arma di cui sono dotati in soli 30 secondi.

La prova provata si avrà sul campo di Rossbach dove soli sette battaglioni di fanteria impegnati sgominarono un'armata di oltre 50.000 soldati!!

Ciò consente loro di sviluppare una cadenza di fuoco elevata e sopperisce al fatto che il moschetto prussiano, essendo assai lungo, fa si che molti soldati fatichino a maneggiarlo, provocando spesso tiri bassi o corti e comunque inefficaci. Tuttavia, alle carenze individuali sopperisce l'organizzazione del tiro, severamente coordinata dagli ufficiali e in grado, grazie al ricorso alternato alle tre linee di uomini che compongono lo schieramento classico della fanteria prussiana, di mantenere una cadenza di fuoco di 5-6 colpi al minuto.

Ma non è tutto, perché le migliaia di ore spese dai reggimenti prussiani nelle piazze d'armi, impegnati a manovrare in ordine chiuso, consentono loro di imparare a muoversi con perfetta linearità e regolarità anche su terreni accidentati, mantenendo un allineamento perfetto e compiendo movimenti assai complessi. Tutto si basa sulla perfetta regolarità e la precisa lunghezza del passo che vengono addestrati a compiere, mantenendo una distanza di 71 centimetri tra i due piedi e muovendosi ad un rimo di 75 passi al minuto.

Non è un andatura rapida, anzi è relativamente lenta, ma tale lentezza – palesemente studiata – conferisce ai movimenti cadenzati della fanteria prussiana un che di solenne, capace di

▲ **Tav. 14 -** Jager zu fuss (cacciatori a piedi)
Jager at foot.

impressionare psicologicamente il nemico. Se poi le esigenze operative lo rendono necessario, questi reparti non hanno alcuna difficoltà a passare da 75 a 120 passi al minuto, muovendosi molto più celermente. Questa perfetta macchina militare è frutto dello "Stato caserma" iniziato da Federico Guglielmo I e sostenuto dalla nobiltà prussiana, i famosi *Junker*.
Sono soprattutto questi nobili latifondisti di campagna, ad esercitare un potere di tipo quasi feudale sui contadini che lavorano le loro terre e che costituiscono la gran massa dell'esercito.
Per cui è pacifico che essi risultino essere i loro diretti ufficiali in tempo di guerra.
Fondato sul criterio della coscrizione obbligatoria, l'esercito prussiano è reclutato su base locale e, nei suoi reggimenti, gli ufficiali appartengono come detto alle famiglie nobiliari della zona di provenienza del reggimento. Questo esclusivo circolo di nobili guerrieri che aderiscono con cameratismo a questa *"gioia di servizio"* rende unico il vertice militare prussiano rispetto a quello di altre nazioni. E Federico il Grande testa bene questa armata già alle sue prime uscite durante la prima e seconda campagna di Slesia.
I nobili sono quindi l'asse portante dei vertici militari prussiani, tuttavia Federico, al solito pragmatico, inizia una sua, tutta personale maniera di investitura riguardo alla nobiltà.
Alla bisogna egli rende del tutto arbitrario queste promozioni di sangue blu. Le promozioni sul "campo" per un comandante attento e vigile come Federico sono frequenti, non tanto come con Napoleone ovviamente, ma qui le differenze sono alla nascita: Napoleone appartiene ad una famiglia di piccoli borghesi e non è certo figlio di re come il grande Federico.

▲ I granatieri della Guardia all'attacco durante la battaglia di Leuthen del 5 dicembre 1757
The Prussian attack at the Battle of Leuthen 5th December 1757

▲ **Tav. 15 -** Dragoni del reggimento numero 11.
11th regiment of Dragoon.

In ogni caso dopo la guerra dei sette anni, gli ufficiali cosiddetti borghesi vengono frettolosamente rimossi e nel 1786 essi sono solo 700 su 7.000 ufficiali dell'armata, un misero 10%.

La maggior parte del corpo ufficiali continua a provenite dal corpo dei cadetti di Berlino o dal corpo dei paggi reali. Inoltre oltre un sesto dei generali e degli ufficiali dell'esercito sono stranieri, anche se in gran parte questi provengono da stati tedeschi vicini ed alleati.

La carriera degli ufficiali nobili è più o meno sempre la stessa. Il giovane *Junker* dopo l'arruolamento parte dal grado di *Free-Corporal*, diviene poi porta insegne ed infine raggiunge il primo vero grado di tenente.

Esiste dunque ancora un settecentesco paternalismo diffuso, che è frutto anche delle concezioni della monarchia prussiana, dove Federico II, succeduto al padre nel 1740, nonostante le sue volteriane aperture al "secolo dei Lumi", è al tempo stesso un autocrate severo e inflessibile, molto scettico nei confronti della nascente borghesia locale e dei suoi valori, e fermamente convinto che solo la nobiltà sia dotata di quel senso dell'onore che, in battaglia, è indispensabile per il comando degli uomini.

Non a caso, Federico II giustamente poi passato alla storia con l'appellativo de "il Grande" per i mirabili successi militari è anche colui che, alla fine della vittoria di Kolin (1757) afferra la bandiera del 3° Reggimento fanteria, e per spronare i suoi titubanti soldati ad avanzare gli urla contro: *"Furfanti, volete vivere in eterno?"*. E per dare il buon esempio si pone naturalmente alla testa del reggimento, marciando risolutamente verso il nemico.

▲ Il generale della cavalleria Von Seydlitz lancia la sua pipa in aria indicando la carica ai suoi a Rossbach.
Major General von Seydlitz throws his pipe in the air as he leads his Prussian cavalry at Rossbach.

▲ **Tav. 16 -** Reggimento Ussari nr. 2 Leib (1741 a 1786 Von Zieten)
2.nd life Hussar regiment (from 1741 to 1786 Von Zieten)

Ovviamente tra suoi generali e ufficiali superiori, la corsa ad imitarlo offre una lunga lista di esempi. In una parola, la nobiltà prussiana conduce una vita di privilegi, ma è legatissima al sovrano, da cui derivano tutte le sue fortune e, sul campo di battaglia, sa morire e non esita a farlo, ben consapevole del fatto che la conquista della gloria militare è una delle più solide garanzie della perpetuazione del suo potere.

Questa forma di moderna leadership fa del corpo ufficiali prussiano una casta speciale. Appartenervi è assai più che un onore e l'ufficiale prussiano sa guardare freddamente in faccia la morte e non esita a sceglierla, se l'onore lo impone. Non a caso, le perdite al suo interno sono pesanti e non risparmiano nemmeno gli alti gradi.

Nel 1756, quando Federico fa inzuppare gli stivali dei suoi uomini nel fango sassone, iniziando di fatto il conflitto dei Sette Anni, dispone di un'armata di 85.00 fanti, e di altri 4.00 in sopra numero, 30.000 cavalieri e altri 3.200 in sopra numero. 1700 artiglieri con 120 cannoni pesanti e altri 250 pezzi da campagna oltre ad altri 20.000 uomini relegati nelle guarnigioni militari.

Il re userà questi numeri senza parsimonia per raggiungere i suoi scopi. Alla fine della guerra i veterani ancora in vita saranno pochissimi.

Alla fine della guerra, nel 1763, solo sul fronte austriaco le perdite prussiane ammonteranno a 180.000 uomini e 60.00 prigionieri patiti. Sempre nei confronti del nemico austriaco, la Prussia perderà 204 stendardi, 52 bandiere e oltre 400 cannoni! Ovviamente Federico arrecherà perdite assai più consistenti ai suoi nemici, ma questi eserciti potevano vantare riserve assai più robuste

▲ Ussari prussiani festeggiano saccheggiando i bagagli francesi abbandonati a Rossbach nel 1757.
Prussian Hussars looting the French baggage at Gotha before the Battle of Rossbach 5th November 1757

▲ **Tav. 17 -** Ufficiali del 3°, Del 1° e 8° Reggimento Ussari con un ufficiale del 5° Reggimento Dragoni.
Officers of 3rd, 1st, and 8th Hussar regiment and a dragoon officer of 5th regiment.

▲ Il fuoco micidiale dei granatieri prussiani contro la cavalleria russa a Zondorf. Quadro di Wojciech Kossak.
Grenadier fire versus Russian cavalry a Zondorf by Wojciech Kossak

di quelle del piccolo stato prussiano.
Questo moderno esercito alla fine dei conflitti federiciani sarà bene o male imitato da tutti gli stati maggiori europei sia fra gli antichi alleati che fra gli irresoluti avversari.
Per quanto riguarda i militari di truppa l'esercito prussiano faceva affidamento in parte sui nativi e in parte sui mercenari. Secondo il sistema cantonale messo in opera da Federico Guglielmo I fra il 1727 e il 1735, a ogni reggimento era assegnata una specifica area geografica dove attingere al reclutamento della propria guarnigione in tempo di pace.
Prima delle parate primaverili ufficiali e agenti del reggimento preposti allo scopo, selezionavano le reclute necessarie che poi avrebbero servito sotto le armi per un periodo indefinito.
Vi erano poi alcune classe sociali come le persone impegnate nell'industria o nel commercio che erano esentati dal servizio militare. I reggimenti dovevano apparire a pieno regime solamente per le riviste primaverile ed estive, quindi le reclute potevano tranquillamente tornare alle loro abitazioni e ai loro impegni per i restanti dieci mesi dell'anno.
La proporzione delle reclute indigene rispetto alle truppe mercenarie era all'incirca di un terzo. Gli elementi stranieri erano appositamente reclutati da ufficiali addetti mandati in giro per l'Europa, ma essi provenivano principalmente dai vicini stati di lingua tedesca.
Accadde anche che l'esercito prussiano assoldasse, come nel 1756 persino soldati fra i prigionieri catturati nelle precedenti campagne. Tuttavia i mercenari, di qualsivoglia specie costavano cari e spesso si dimostrarono inaffidabili e pronti alla diserzione alla prima buona occasione.
Una volta raggiunto il proprio reggimento, alla recluta veniva affiancato un vecchio soldato per circa un anno. Questi aveva il compito di guidare l'aspirante soldato alla lunga e dura vita militare nell'esercito prussiano. La paga era di due talleri al mese, cifra soggetta alla deduzione per il vitto, pane e carne. I soldati di fanteria venivano generalmente ospitati in case private all'interno della loro città di guarnigione, mentre la cavalleria veniva acquartierata nei sobborghi in campagna

▲ **Tav. 18 -** Ussaro del 5° Reggimento Ussari (della morte)
Hussar of 5th regiment (of the death)

dove era più facile procurarsi il foraggio per gli animali. Durante le campagne militari i soldati stavano nelle tende in numero di sette dove, a turno, si dividevamo sui vari compiti loro assegnati: cucinare, procurare la legna per il fuoco, ripulire la tenda ecc.

Inoltre durante le fasi operative il vitto era rifornito gratis alla truppa.

Se non si era in campagna, sei mesi all'anno venivano spesi per l'addestramento. Questo veniva eseguito sotto una rigidissima disciplina, spesso feroce, dove le punizioni anche corporali non facevano mai difetto. Queste potevano anche finire con una fucilazione o peggio con lo squartamento a seconda del reato o della mancanza attribuita al militare.

Persino la tortura detta della ruota rimase in attività almeno fino al 1755 cioè a poco prima dell'inizio della guerra dei sette anni. La disciplina nell'esercito prussiano veniva garantita da un fedele corpo di veterani sottufficiali, molto spesso selezionati direttamente dal re.

Da segnalare che su iniziativa del famoso generale Seydlitz le punizioni corporali vennero invece sospese tra i soldati di cavalleria. La cavalleria che Federico ereditò da suo padre: corazzieri, dragoni e ussari, veniva generalmente considerata pessima.

Grossi cavalieri montati su animali ancora più grossi e lenti, truppe montate destinate al macello se messe di fronte alla brillante cavalleria austriaca. Perciò il nuovo sovrano prussiano si diede da fare per allineare anche quest'arma all'eccellenza già costituita dalla fanteria, tuttavia, nonostante l'impegno di Federico, nel suo primo scontro armato da re, durante la battaglia di Mollwitz del 1741, la sua cavalleria andò incontro proprio ad un vero e proprio disastro contro la cavalleria asburgica, per fortuna dell'aquila nera ci pensò la fanteria a sistemate le cose quel giorno....

▲ Federico II discute coi suoi generali ilo piano per la battaglia di Zondorf
The king of Prussia meet your staff before the battle of Zondorf.

▲ **Tav. 19 -** Ussaro del 5° Reggimento Ussari
Hussar of 5th regiment

In breve comunque la cavalleria subì una trasformazione copernicana. Acquistò in destrezza e velocità di manovra, caratterizzate da rapidi assalti sui fianchi nemici, fu proibita dell'uso delle carabine nelle cariche ecc. Tutto ciò rese la cavalleria prussiana un corpo eccezionale che raggiungerà lo Zenit nella radiosa giornata di Rossbach!
Molto di questo successo, va detto, fu soprattutto dovuto all'opera di due grandi comandanti di cavalleria: il già citato Seydlitz e il vecchio Zieten comandante degli ussari.
Come detto, invece la fanteria di Federico Guglielmo I, già addestrata dal vecchio Dessau, il fedele principe Leopoldo di Anhalt-Dessau, fu trasmessa in perfette condizioni al giovane Federico.
Le concezioni della vecchia scuola olandese abbinate ai pesantissimi archibugi venne perfezionate per l'ordine chiuso reso possibile dalle armi assai più leggere in uso nel '700.
L'adozione dei prussiani, fra i primi in Europa, della bacchetta di ferro in luogo di quella di legno permise un vistoso aumento della celerità di tiro per le fanterie prussiane, cosa questa che, anche grazie al duro allenamento rese questa specialità la prima classe al mondo per moltissimo tempo. I fucilieri di Federico riuscirono in questo modo a passare da uno fino a sei colpi al minuto nei casi più rapidi.
Altra caratteristica assai importante della fanteria era il perfetto allineamento che essa riusciva a garantire in ogni occasione. Cosa questa che si rivelò di estrema importanza per spaventare definitivamente truppe nemiche già scosse e provate dalla battaglia.

▲ La provata fanteria prussiana in marcia per la battaglia di Zondorf
The tired Prussian infantry marching for the battlefield of Zondorf.

▲ **Tav. 20** - Bosniaco e ufficiale (appartenenti al 9° ussari) in tenuta estiva
Bosniaken Corps (of 9th hussar) in summer dress

Federico poi perfezionò ulteriormente queste tattiche adottando il fuoco su due ranghi col primo inginocchiato e il secondo dietro in piedi a raddoppiare di fatto il volume di fuoco.
Una volta scaricata l'arma gli uomini della prima fila si scostavano di mezza posizione sulla destra cedendo il loro posto ai ranghi che stavano immediatamente dietro. Insomma il risultato era una vera micidiale mitraglia!
Altre migliorie federiciane furono costituite dalle nuove manovre che permettevano il passaggio da linea a colonna e viceversa in tempi sempre più rapidi, ed infine la preparazione per la massa d'attacco con il celebre ordine obliquo di tebana memoria.
Questi era destinato a "cadere" sui fianchi nemici che nella confusione della battaglia non si rendevano conto di cosa gli stesse capitando…
Federico infine ridurrà i ranghi da quattro a tre e verso la fine della guerra dei sette anni finanche a due!
L'armamento del soldato prussiano era costituito come per tutti i soldati del suo tempo, dal moschetto ancora piuttosto impreciso del '700, ma micidiale se ben usato da masse di fucilieri.
Al tempo di Federico le picche erano già caduta in disuso in luogo della moderna baionetta che armava tutti i moschetti. La procedura in battaglia era di scaricare il più possibile di colpi sulle unità nemiche, dopodiché innestata la baionetta la truppa partiva alla carica contro le linee avversarie. Inutile dire che per fare tutto ciò in modo efficace occorreva un alto livello di professionalità e disciplina che certo non facevano difetto alle truppe di Federico.

▲ Federico II raduna i suoi generali prima della battaglia di Leuthen nel famoso Parchwitz Address.
The Parchwitz Address by Frederick the Great to his generals before the march to the Battle

▲ **Tav. 21 -** Bosniaco in tenuta invernale contro uno jager austriaco
Bosniaken Corps in winter dress in clash versus an Austrian jager

L'artiglieria era l'arma che nella prima metà del '700 aveva ricevuto le minori attenzioni tattiche. Nell'armata prussiana erano riservati solo 14 giorni all'anno per la pratica di tiro!
All'artigliere si chiedeva solo di portare il pezzo in batteria, caricarlo fare fuoco e ricominciare.
I pezzi leggeri che avevano un raggio appena superiore al chilometro erano assegnati ai battaglioni di fanteria, mentre i grossi calibri venivano tutti riuniti nel più pratico luogo possibile del campo di battaglia, meglio se su alture dove potessero dominare l'orizzonte che gli stava davanti.
Federico fu un innovatore anche nell'uso dei cannoni, migliorando i raggruppamenti dei pezzi, l'uso delle batterie e il timing del fuoco.
Adottò con crescente simpatia l'uso dei mortai al fine di scovare truppe nemiche nelle cosiddette zone "cieche".
Altra caratteristica tipica dell'armata prussiana fu l'uniforme, con l'adozione sin dal 1718 dello Stilbruch. Divisa scelta da Federico Guglielmo I, che per primo abbandonò la moda militare francese adottata fino ad allora da tutti in luogo di una tenuta più sobria, moderna e pratica.
Il padre di Federico era un sarto mancato, e la sua passione in tale materia rese i suoi soldati, indubbiamente i più belli sui campi di battaglia.
Viste come curiose e strane, alla prima occasione queste nuove tenute finiranno col condizionare anche il gusto di militari e civili di tutte le altre nazioni. Cominciando dal cappello il tricorno, tipicamente grande nel primo settecento viene ridotto e abbellito dai prussiani con pon-pon di vari colori a caratterizzare la compagnia, il battaglione ecc. I granatieri invece continuavano a portare la tipica mitria con placche in metallo giallo o bianco a seconda del reggimento. Le truppe prussiane sono anche tra le prime ad adottare le cifre reali su giberne, cappelli, gualdrappe.

▲ Dopo le guerre e le battaglie seguivano i trattati di pace. Qui vediamo Federico II il primo seduto da destra.
After the war and the battles there come it the time for the meeting-peace!

▲ **Tav. 22 -** Artiglieria da campo
Field artillery

Sempre presente anche la tipica stella dell'ordine dell'aquila nera adottata fin dal 1701.

La giubba militare era la versione del civile "frock", spesso in doppio petto con i risvolti del colore distintivo abbottonati sui lati.

Anche la parte bassa della giacca, che nel primo settecento era lasciata cadere dritta venne raccolta sul retro a formare due code posteriori tenute ferme da un bottone.

Distintivo il colore delle giubbe, che fece la sua parte, e dal 1729 l'armata prussiana scelse quello che poi passerà alla storia come blu di Prussia, vale a dire un blu molto scuro, con i risvolti di colore rosso e il colore distintivo dove prescritto: petto, colletto e polsini.

Altra caratteristica prussiana era l'uso di ricami o alamari alla divisa, in quello stile apertamente rococò tanto amato in terra tedesca. I capelli venivano raccolti in lunghe code ricadenti sul retro, code che verranno ridotte solo dal 1786.

Federico II, come abbiamo visto, fu l'autore di numerose innovazioni nel campo della guerra. Egli riuniva in sé una serie di qualità, personali e frutto dell'educazione che gli era stata impartita, che ne facevano innanzi tutto un profondo conoscitore della macchina militare prussiana che sotto il profilo tattico, aveva raggiunto livelli di efficienza ineguagliati all'epoca e che consentirono al suo comandante di utilizzare soluzioni d'impiego nuove, a cominciare dal famoso "ordine obliquo" che, riprendeva una pratica risalente ad una tradizione militare della Grecia antica, quella tebana. Queste tattiche gli permisero in parecchie occasioni di affrontare il nemico non di fronte ma sul fianco, utilizzando ovviamente a proprio vantaggio tale superiorità.

Come già accennato, Federico II perfezionò anche l'impiego della cavalleria (diversificando nettamente i compiti della cavalleria leggera da quelli della cavalleria pesante).

Quello dell'artiglieria (puntando sull'impiego di pezzi sempre più leggeri e in grado di sostenere sempre e comunque l'azione della fanteria) ma in definitiva egli e si dimostrò soprattutto un abilissimo stratega, prendendo decisioni molto azzardate e assumendo rischi elevatissimi nella speranza di poter riportare successi altrettanto eclatanti.

La grandiosa vittoria di Leuthen (1757) e la capacità di condurre un conflitto su più fronti contro nemici soverchianti costituiscono altrettante testimonianze del genio tattico e della straordinaria abilità strategica del re di Prussia.

Le straordinarie fortune di cui poté godere la macchina militare prussiana intorno alla metà del Settecento la trasformarono in un esempio celebrato e rispettato da tutti gli eserciti europei, e le costruirono intorno una fama che era ancora ben viva nel 1806, quando tale macchina oramai si nutriva essenzialmente di ricordi e venne spazzata via dalle armate napoleoniche nella battaglia di Jena.

Tuttavia, la base che Federico il Grande aveva edificato era indubbiamente molto solida, se da essa scaturirono figure cruciali della storia militare prussiana come Scharnhorst, Gneisenau, un teorico raffinato come von Clausewitz e un *"soldataccio"* brutale ma efficace come il maresciallo Blücher.

Le fanterie che già nel 1815 riuscirono a scacciare la Giovane Guardia da Plancenoit e ad irrompere sul fianco destro della Grande Armée a Waterloo, dando un contributo decisivo alle sorti della battaglia, erano le dirette discendenti di quelle di Jena.

Sul solido modello federiciano, erano state innestate innovazioni, in parte mutuate da quelle napoleoniche, che avevano riportato rapidamente in auge la tradizione militare prussiana.

▲ **Tav. 23 -** Corpo del genio minatori: ufficiale, sottufficiale e minatore.
Engineer corps: officer, NCO and private.

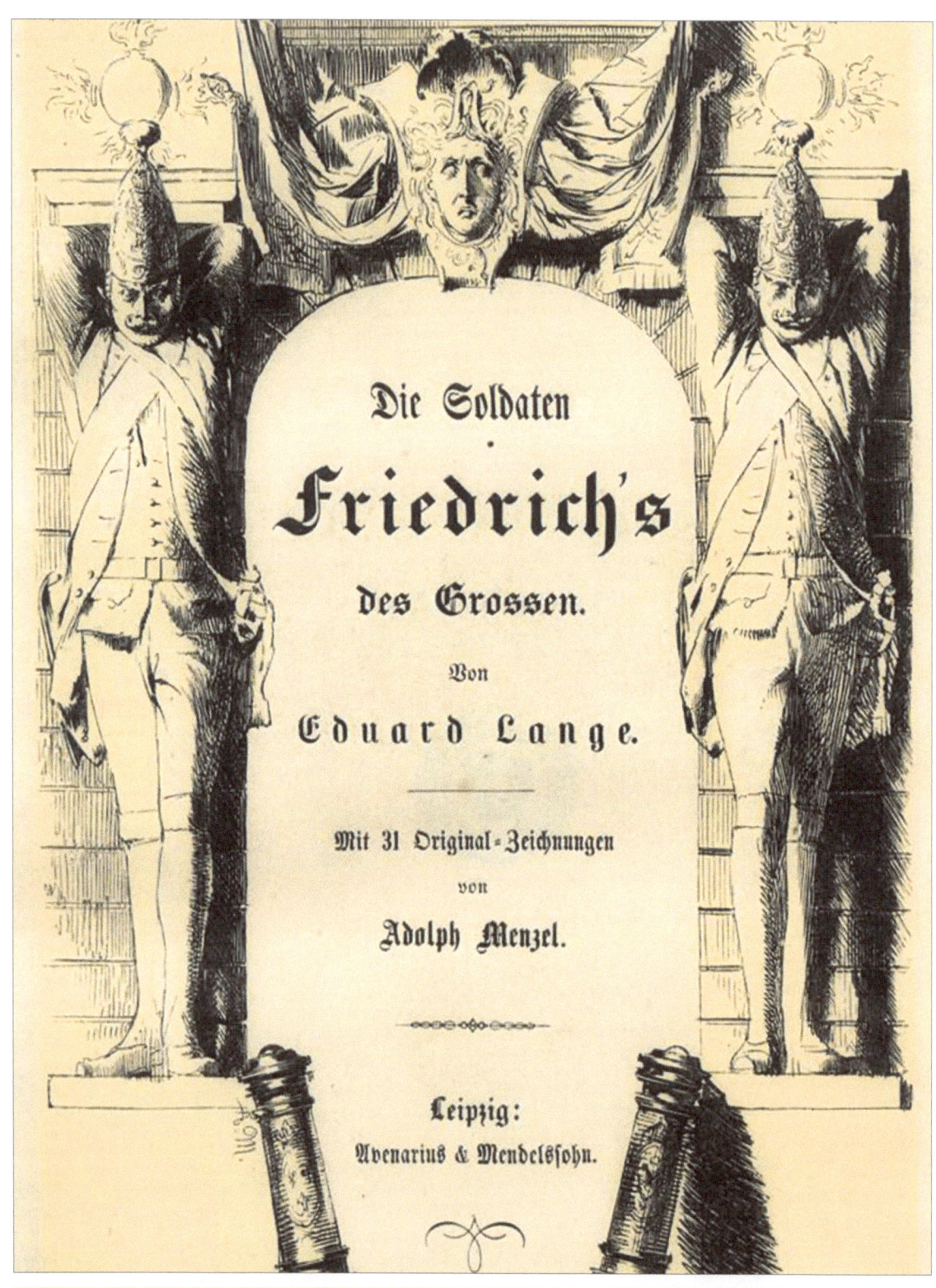

▲ Frontespizio del volume dedicato all'esercito di Federico il Grande cui appartengono le tavole qui illustrate.
Frontspece of the volume related to the Prussian army plates insert in our book.

LE UNIFORMI PRUSSIANE

LA FANTERIA

I copricapi in uso alla fanteria erano la mitria per i granatieri. Un copricapo classicheggiante in uso presso molti eserciti del tempo. Con la sua altezza serviva a dare l'impressione di maggiore elevazione ai granatieri, già di loro scelti fra i soldati più alti. A forma di semi cono, aveva una piastra metallica sul davanti che poteva essere di metallo giallo o bianco secondo il reggimento, ornata con motivi rococò, spesso raffigurante l'aquila nera prussiana. Sull'imperiale era posto un pon-pon di lana colorata. I fucilieri ebbero pure in dotazione una mitria ma di tipo più piccolo, detto di modello sassone. Più semplice rispetto a quella dei granatieri e senza pon-pon. I moschettieri invece erano dotati del classico tricorno di feltro nero, di foggia piccola ed assai elegante rispetto ai grandi tricorni in uso nel primo settecento. Era bordato di un orlo dello stesso colore dei bottoni e anche in questo caso si segnala la presenza di un pon-pon di lana del colore reggimentale. I sottufficiali avevano un pon pon inquartato di colore bianco e nero.
Gli jager avevano pure il tricorno in uso ai moschettieri ma in questo caso il pon-pn era sempre verde, a volte sostituito da una coccarda nera.
Infine anche gli ufficiali avevano il tricorno ma di modello sartoriale, più alto e senza pon-pon, con fregi di vario tipo secondo il grado e l'immancabile coccarda nera.

L'uniforme in uso alla fanteria era la classica marsina a due code di tessuto bleu di Prussia profilata in rosso. Sempre in rosso erano, tranne poche eccezioni, i risvolti alle code dell'abito. La tunica degli ufficiali era simile a quella della truppa ma di tessuto più fine e generalmente senza code. I reggimenti si distinguevano soprattutto per il colore distintivo, per il numero e il colore dei bottoni e dei lacci (brandeburghi).

Reggimenti di Moschettieri

Regg.	Colletto	Polsini	Risvolti petto	Lacci	Bottoni
1	Rosso	Rosso	Rosso	Bianco	Bianchi
2	-	Rosso	Rosso	Bianco e rosso	Gialli
3	Rosso	Rosso	-	Bianco e nero	Gialli
4	-	Rosso	-	Bianco	Giallo
5	Paglierino	Paglierino	Paglierino	Arancio e bianco	Giallo
6	Rosso	Rosso	-	Dorato	Giallo
7	Rosa	Rosa	Rosa	-	Bianco
8	-	Rosso	Rosso	Bianco e blu	Giallo
9	-	Rosso	Rosso	Bianco	Giallo
10	-	Giallo	-	Bianco	Bianco
11	-	Rosso e bianco	-	Bianco	Giallo
12	Rosso	Rosso	Rosso	Bianco	Giallo
13	Paglierino	Paglierino	Paglierino	Bianco	Bianco
14	-	Rosso	Rosso	Bianco e rosso	Bianco

Regg.	Colletto	Polsini	Risvolti petto	Lacci	Bottoni
15a	Rosso e argento	Rosso e argento	-	Argento	Argento
15b	Rosso	Rosso e argento	Rosso	Argento	Argento
16	-	Arancio	Arancio	Bianco e rosso	Gialli
17	Bianco	Bianco	Bianco	Rosso e bianco	Giallo
18	Rosa	Rosa	Rosa	Bianco	Bianco
19	Rosso	Rosso	-	Bianco e arancio	Giallo
20	-	Rosso e bianco	Rosso e bianco	-	Giallo
21	Rosso	Rosso	-	Bianco e rosso	Giallo
22	-	Rosso e bianco	Rosso	Bianco e arancio	Giallo
23	-	Rosso	-	Bianco	Bianco
24	-	Rosso e bianco	Rosso e bianco	Bianco e rosso	Giallo
25	-	Rosso	Rosso	Bianco e blu	Giallo
26	Rosso	Rosso	-	Giallo	Giallo
27	Rosso	Rosso e bianco	Rosso e bianco	-	Giallo
28	-	Blu scuro	-	-	Bianco
29	-	Rosso	-	Bianco e rosso	Bianco
30	-	Rosso	-	Giallo e bianco	Giallo
31	Rosa	Rosa	-	-	Giallo
32	Senza collo	Blu scuro	-	-	Giallo

Le cravatte dei reggimenti moschettieri erano rosse tranne che per i numeri: 7,15,18,28,31 e 32 che l'avevano nera. Le spalline erano blu per tutti i reggimenti tranne i numeri: 7, 18 e 31 che l'avevano rosa. Panciotto e braghe bianche ad eccesione dei reggimenti: 2,5,6,7,12,13,16,19,21,22 e 28 che le avevano color paglierino. Il sesto reggimento era deia Granatieri della Guardia. Il 15a Era il 1° Battaglione Guardia e il 15b era il 2° Battaglione Guardia.

Reggimenti di Fucilieri

Regg.	Colletto	Polsini	Risvolti petto	Lacci	Bottoni
33	Bianco	Bianco	Bianco	-	Giallo
34	Rosso	Rosso	Rosso	-	Giallo
35	Giallo chiaro	Giallo chiaro	-	-	Giallo
36	Bianco	Bianco	-	-	Giallo
37	Carminio	Carminio	-	-	Giallo
38	Rosso	Rosso	Rosso	-	Giallo
39	Giallo scuro	Giallo scuro	-	-	Bianco
40	Rosa	Rosa	-	-	Bianco
41	Carminio	Carminio	Carminio	Giallo	Giallo
42	Arancio	Arancio	Arancio	Nessun laccio	Giallo
43	Arancio	Arancio	-	Nessun laccio	Giallo
44	-	Rosso	-	Rosso e bianco	Giallo

▲ **Tav. 24** - Corpo del genio: conducente, ufficiale e ufficiale dell'artiglieria a piedi.
Engineer corps: Soldier, officer and an artillery at foot officer.

Regg.	Colletto	Polsini	Risvolti petto	Lacci	Bottoni
45	-	Rosso	-	Bianco	Giallo
46	Nero	Nero	Nero	-	Giallo
47	Giallo scuro	Giallo scuro	Giallo scuro	-	Giallo
48	-	Rosso	Rosso	Bianco e giallo	Giallo

Le cravatte dei reggimenti fucilieri erano nere per tutti i reggimenti tranne che per i numeri 44 e 45 che le avevano rosse. Le spalline erano nel colore distintivo tranne che per i reggimenti numero: 44, 45 e 48 che le avevano blu scuro. Risvolti alle code rosse tranne che per il reggimento numero 40 che le aveva rosa. Panciotto e braghe bianche, ma il reggimento numero 34 e 39 le avevano giallo scuro, il 35° Giallo chiaro, il 46° color paglierino e i numeri 40 e 41 rosa.

L'equipaggiamento del soldato di fanteria prussiano era il migliore d'Europa. Il soldato di Federico portava in campagna tutto ciò di cui necessitava, sulla bandoliera bianca egli portava una giberna in cuoio nero che poteva contenere 60 colpi. La giberna era decorata con una piastra dorata, sulla spalla opposta era fissato il cinghiame per altre borse che contenevano indumenti di riserva e oggetti personali. Una borsa di tela bianca conteneva le razioni alimentari. Completava il tutto una borraccia in ferro. Il moschetto aveva le cinghie di color rosso. I musicanti indossavano la stessa uniforme della truppa con l'aggiunta di un multiforme sistema di lacci e laccetti decorativi. I tamburini riportavano questi lacci a forma di v rovesciate lungo tutte le braccia della tunica. Essi avevano tutto il grado di sottufficiale.

▲ Federico II passò gli ultimi anni della sua vita nella quiete dei suoi castelli preferiti.
Frederick II spent the last years of his life in the quiet of his favorite castles.

▲ **Tav. 25 -** Corpo dei cadetti militari assistono un vecchio invalido.
Joung soldiers of cadet corps and an old invalid soldier

Jager e Frei Corps

Gli jager indossavano un'uniforme assai simile a quella dei fucilieri e moschettieri. Dotati di tricorno con pon pon verde. Tunica e panciotto di colore verde con colletto, polsini, risvolti e code color rosso.
Pantaloni in pelle marrone sotto a stivali neri alla scuderia da cavalleria.
La giberna sempre in cuoio nero era indossata sul davanti fissata al cinturone nero da cui pendeva anche i pendagli della spada in dotazione. Spada con elsa in ottone e dragona verde. Una borsa di tela bianca conteneva le razioni alimentari. Una borsa in pelle fungeva da zaino sospeso. Completava il tutto una borraccia in ferro.
L'equipaggiamento era completato dalla carabina sempre con cinghie rossiccie.

Gli ufficiali indossavano la tradizionale sciarpa argento, anche il loto tricorno era abbellito da bordi decorati in argento. Sciabola da ufficiale con dragone in argento e pantaloni verdi. Tutti gli jager avevano i bottoni bianchi.

I frei corps o battaglioni liberi erano presenti in considerevole numero e quasi sempre mercenari. Arruolati fra soldati di fortuna in tutte le contrade d'Europa. Il più grande e noto di questi corpi fu quello formato da Federico Von Kleist nel 1759. I dragoni e i granatieri a cavallo di Von Kleist furono gli unici Frei Korps che ebbero l'autorizzazione a portare una bandiera.
Il Frei Korp arruolato da Karl Von Schony fu totalmente equipaggiati all'ungherese e venne allestito nel 1761. Infine ricordiamo il Frei Korp arruolato da Fransiscus de la Noble, essenzialmente di fanteria vestito sulla falsariga dei battaglioni di fanteria prussiana. Ma con panciotto e pantaloni azzurro chiaro.

▲ Soldati e jager del Frei Korp de la Noble
Soldiers and jager of De la Noble Frei Korps

▲ Tav. 26 - Soldati dei Freikorps (granatiere e croati) vengono ripresi da un cappellano militare
Freikorps soldier (grenadier and croats men) are recalled from a military priest.

LA CAVALLERIA

I corazzieri rappresentavano la cavalleria pesante, impiegati per contrastare gli omonimi avversari e per spezzare le linee di fanteria con poderose micidiali cariche. L'esercito prussiano vantava 12 reggimenti più un 13° Di Guardie del Corpo.
Ogni reggimento era composto da cinque squadroni ad eccezione delle Guardie del corpo su soli tre squadroni. Ogni squadrone era formato da un totale di due compagnie ognuna con 82 uomini. L'uniforme dei corazzieri era ovviamente caratterizzata da una corazza al petto e un tricorno di feltro nero rinforzato da una cervelliera in ferro. Lungo spadone con elsa tipo schiavona in ottone. Questa era tenuta in un fodero in cuoio nero con borchie in acciaio. Completava l'armamento una carabina dotata di cinghia bianca. La corazza era nera brunita. Quella degli ufficiali era abbellita da bordi dorati e frange in tessuto del colore distintivo. La corazza era assicurata al petto da due bandoliere in cuoio bianco. La corazza degli ufficiali era abbellita sul davanti dalla stella prussiana dorata. Gli ufficiali inoltre portavano l'usuale sciarpa argento e non portavano la sabretache. I lacci per gli ufficiali erano argento per i reggimenti numero: 1,2,7,8 e 11, dorati per gli altri. Giberna nera con placca dorata per la truppa, essa era assicurata da una bandoliera in cuoio bianco sulla spalla destra. La giberna del reggimento numero 10 eccezionalmente era bianca con bordini del colore distintivo. Tutte le giubbe era in buffalo chiaro ad eccezione del secondo reggimento che aveva la tunica gialla con i pantaloni in buffalo.

Reggimenti di Corazzieri

Regg.	Colletto	Polsini	Lacci	Lacci ufficiali
1	Rosso medio	Rosso medio	Bianco con 3 linee rosse	Argento
2	Rosso scuro	Rosso scuro	Rosso	Argento
3	Blu scuro	Blu scuro	Bianco con 2 linee blu	Oro
4	Nero	Nero	Bianco con 3 linee blu	Oro
5	Blu medio	Blu medio	Bianco e blu	Oro
6	Rosso chiaro	Rosso chiaro	Bianco e rosso	Oro
7	Giallo	Giallo	Bianco con 3 linee gialle	Argento
8	Blu	Blu	Bianco con 3 linee blu	Argento
9	Rosso scuro	Rosso scuro	Bianco con 3 linee rosse	Oro
10	Blu scuro	Blu scuro	Oro con due linee rosse	Oro
11	Blu chiaro	Blu chiaro	Bianco con 2 linee blu	Argento
12	Arancio	Arancio	Bianco con 2 linee arancio	Oro

I trombettieri portavano la stessa uniforme della linea con l'aggiunta di vari lacci e nastri distribuiti su tutta l'uniforme, questi erano di vario disegno geometrico più o meno Complesso. La corazza non veniva indossata dalle trombe. I corazzieri, ad eccezione degli ufficiali portavano una sabreatache alla ussara di vario design secondo il reggimento col fondo del colore distintivo e le cifre reali FR coronate in primo piano. Shabraque con angolo tondo e porta pistole, anche in questo caso generalmente col fondo del colore distintivo e gallonature, cifre reali e decori vari secondo il reggimento.
Le **Guardie del corpo** portavano un'uniforme simile a quella della linea ma con corazza in acciaio lucente, colore distintivo arancio con gallonature in argento. Giberna e bandoliera bianca con fregio dorato e gallonature argento.

▲ **Tav. 27 -** Granatieri della Guardia nel 1756 (battaglione nr. 6)
Guard grenadiers of 6th battalion in 1756.

I dragoni prussiani erano divisi in 12 reggimenti composti ognuno da cinque squadroni ad eccezione del 5° e 6° Reggimento formato da 10 squadroni.

Ogni squadrone era formato da un totale di tre compagnie ognuna con 55 uomini. Da segnalare che i musicanti dei dragoni erano dei tamburini che suonavano lo strumento montati a cavallo. I dragoni portavano un'uniforme colore azzurro chiaro, tricorno nero con coccarda nera. I pantaloni portati sotto ad alti stivali neri alla scudiera erano di pelle chiara. La spada con elsa dorata era portata in un fodero nero con borchie dorate e cinghiame in cuoio bianco. Il mantello/cappotto era portato arrotolato proprio dietro la sella ed era assicurato da tre cinghiette in cuoio nero. Il 9° Reggimento non portava risvolti al petto ma al suo posto aveva laccetti brandeburghesi di lana bianca sui bottoni. La divisa degli ufficiali era al solito di qualità superiore e portata senza code. I dragoni portavano delle aguillettes sulla spalla destra erano in lana del colore dei bottoni. I tamburini come tutti i musicanti portavano un'uniforme abbellita da gallonature supplementari e nidi di rondine alle spalline.

La shabraque era di tipo squadrato del colore distintivo. Nell'angolo posteriore in basso e sui coprifonda era un fregio con un aquila nera abbellita da una corona e fregio rococò in oro.

La cartucciera era in cuoio nero con piastra tonda in ottone.

Reggimenti di Dragoni

Regg.	Collo e Polsini	Petto	Risvolti	Bottoni	Panciotto	Mantello
1	Nero	Nero	Nero	Giallo	Pelle	Blu scuro
2	Bianco	Bianco	Bianco	Giallo	Pelle	Bianco
3	Rosa	Rosa	Rosa	Bianco	Pelle	Blu scuro
4	Giallo chiaro	Giallo chiaro	Giallo chiaro	Bianco	Pelle	Blu scuro
5	Rosso scuro	Rosso scuro	Rosso scuro	Bianco	Pelle	Bianco
6	Bianco	No	Bianco	Bianco	Paglierino	Bianco
7	Rosso	Rosso	Rosso	Giallo	Pelle	Bianco
8	Rosso	No	Rosso	Bianco	Pelle	Bianco
9	blu	No	Blu	Bianco	Pelle	Blu scuro
10	Arancio	No	Arancio	Bianco	Pelle	Blu scuro
11	Giallo	Giallo	Giallo	Bianco	Pelle	Blu scuro
12	Nero	Nero	Giallo	Bianco	Paglierino	Blu scuro

Reggimenti di Ussari

Regg.	Dolman	Pelisse	Pelliccia	Lacci	Sciarpa	Pantaloni
1	Verde chiaro	Verde scuro	Bianco	Bianco 12	Rosso e bianco	Pelle
2	Rosso	Blu scuro	Marrone	Bianco 18	Blu e bianco	Pelle
3	Bianco	Blu scuro	Bianco	Giallo 18	Bianco e giallo	Bianco
4	Azzurro chiaro	Bianco	Bianco	Blu e bianco	Azzurro e bianco	Pelle
5	Nero	Nero	Nero	Bianco 12	Rossa e bianca	Pelle
6	Marrone chiaro	Marrone chiaro	Marrone	Giallo	Gialla e bianca	Pelle
7	Giallo	Blu chiaro	Nero	Bianco e blu	Azzurro	Bianco
8	Rosso	Rosso	Nero	Bianco 12	Rosso e bianco	Pelle

▲ **Tav. 28** - 1° Battaglione della guardia (reggimento di fanteria nr. 15) soldato e sottufficiale
1st Guard battalion (15th infantry regiment) soldier and NCO.

Regg.	Collo e polsini	Tasche	Copricapo	Giberna	Sabretache
1	Verde chiaro	Verde chiaro	Marrone e borsa verde	Rossa	Verde chiaro, filetti bianchi
2	Blu	Blu e bianco	Marrone e borsa verde	Marrone	Rosso e fil. Bianco
3	Giallo	Blu e bianco	Marrone e borsa bianca	Blu	Giallo e bianco
4	Azzurro	Azzurro e bianco	Mirliton nero	Marrone	Bianco e blu
5	Nero	Nero e bianco	Mirliton nero e bianco	Nera	Nera
6	Giallo	Marrone chiaro	Mirliton nero	Rosso	Marrone chiaro e giallo
7	Azzurro e bianco	Azzurro chiaro	Mirliton nero	Marrone	Azzurro chiaro
8	Rosso	Rosso e bianco	Mirliton nero	Marrone	no

Gli ussari di Federico II, a parte il 2° Reggimento von Zieten e gli ussari della morte (5°) Non erano paragonabili qualitativamente a quelli austro-ungarici. In compenso si trattava di unità abbastanza numerose , tali da poter comunque far fronte alle minacce dell'avversario. Ogni reggimento infatti era formato da dieci squadroni, ognuno basato su 115 uomini in totale per un totale approssimativo di 1.150 soldati per reggimento. La shabraque era generalmente del colore distintivo posto su collo e polsini con gallonature dette a dente di lupo con varie gallonature e parte posteriore terminante a punta. I lacci a dolman e pelisse degli ufficiali erano come quelli per la truppa con la differenze che essi erano in oro o argento in luogo di bianco o giallo. Faceva curiosa eccezione il 2° Reggimento Von Zieten, dove gli ufficiali ebbero i lacci dorati mentre la truppa li ebbe di lana bianca ! Va notato che i pantaloni erano quasi interamente coperti dalle calze di colore differente e gallonate alle estremità. Queste calze erano portate da tutti i ranghi degli ussari.

Il copricapo era il mirliton con nastro fiocco ricadente e cordoni di vario colore, generalmente rossi, bianchi o neri. I primi tre reggimenti invece erano datai di un basso colbacco in pelle.

L'equipaggiamento degli ussari era costituita da una sciabola semi curva con elsa dorata. Veniva portata in un fodero nero con borchie dorate. Una carabina appesa alla rangona in pelle bianca completava l'armamento dell'ussaro. I trombettieri degli ussari portavano al solito un'uniforme più elaborata. I maggiori segni apparivano sul mirliton come appare nella scheda sottostante, oltre ai consueti nidi di rondine posti sulle spalline. Il pennacchio riporta il primo colore come la base, e il secondo corrisponde invece alla parte terminale del copricapo.

Reggimenti di Ussari: trombettieri

Regg.	Frangia Mirliton	Pennacchio	Rosetta	Lacci	Nido rondine
1	Argento	Verde e bianco	Rosso-verde	Bianco-verde	Bianco e verde
2	Argento	Bianco e rosso	Rosso	Bianco-rosso	Bianco e rosso
3	Oro	Blu e giallo	Giallo-rosso	Giallo e rosso	Giallo e rosso
4	Argento	Blu e bianco	Blu e rosso	Bianco e blu	Bianco e blu
5	Argento	Nero e bianco	Bianco	Bianco e nero	Bianco e nero
6	Oro	Giallo e blu	Giallo	Bianco e giallo	Bianco e giallo
7	Argento	Bianco e giallo	Azzurro	Bianco e blu	Bianco e blu
8	Argento	Carminio-bianco	Carminio	Carminio-bianco	Carminio-bianco

▲ **Tav. 29 -** Guardia del corpo (reggimento nr. 13) portastendardo e musicante
Body Guard (13th regiment) Standardbearer and musician.

I lancieri bosniaci vennero formati da esistenti reggimenti ussari in soprannumero. Il 9° Reggimento ussari bosniaci raggiunse una consistenza di 10 squadroni. Questo fu l'unico copro dell'esercito prussiano autorizzato a portare la lancia. Essi ebbero un colbacchetto marrone con pennacchio bianco con i cordoni del colore assegnato in relazione allo squadrone.

Dolman e pantaloni erano rossi, tutti filettati di bianco. Stivali neri portati sotto ai pantaloni. Rinforzi in pelle marrone erano applicati all'interno dei pantaloni. Una bandoliera in cuoio bianco posta sulla spalla sinistra serviva a portare una pistola, preferita da questo corpo in luogo della carabina. Tutto il resto del cinghiame in equipaggiamento era invece in cuoio nero. Nera era anche la giberna e il fodero della spada con borchie dorate. Sciarpa in vita rossa. La lancia era di colore rosso e nero per la truppa e bianca per gli ufficiali. Fornita di un pennone del colore assegnato allo squadrone, mentre era nero su bianco per i sottufficiali e per gli Ufficiali. Questi in aggiunta avevano anche un decoro con l'aquila nera e foglie dorate. Shabraque nera con fondo rosso filettata in bianco.

L'ARTIGLIERIA

I pezzi in dotazione agli artiglieri prussiani sotto Federico erano da 3,6,12 e 24 libbre, mentre i mortai erano da 7,10 e 18. I cannoni forniti ai battaglioni di fanteria erano del tipo leggero da 3 o 6 libbre, gli altri venivano usati per le batterie. L'artiglieria a cavallo, usata per la prima volta dai prussiani nel 1759, usava pezzi da sei libbre, e operava in batterie di dieci pezzi. Questi erano trainati da un treno di 4 cavalli e serviti da un equipaggio di otto uomini. Quattro artiglieri veri e propri e 4 assistenti e aiutanti. Sul campo vi era una media di sei cannoni ogni 1.000 soldati.

▲ Una scena della battaglia di Maxen (1759) in cui ebbe luogo uno scontro fra le cavallerie prussiane e austriache.
The loss battle of Maxen in 1759 with great clash of Prussian and Austrian cavalry.

▲ **Tav. 30 -** Aiutante di campo, guardia del corpo e ufficiale del reggimento Gens d'armes
Body Guard (13th regiment) Standardbearer and musician.

Gli artiglieri portavano un tricorno nero con gallone bianco e pennacchietto rosso. La tunica era nel classico blu di Prussia senza risvolti al petto. Anche i polsini erano blu mentre i risvolti alla coda erano rossi. Panciotto e pantaloni erano in pelle ingiallita. Tutti i bottoni erano gialli o in metallo giallo per gli ufficiali. Un cinturone in cuoio bianco portava una spada del tipo usato in fanteria, riposta in un fodero color marrone.

Una bandoliera in cuoio bianco posta sulla spalla sinistra era fornita di due bacchette con du e catenine poste sul davanti e portava una fiasca per la polvere con cui accendere la miccia del cannone. I bastoni per la pulizia dei pezzi erano di colore rosso.

Ghette e calzature in cuoio nero. Gli ufficiali portavano un bicorno orlato in oro e avevano cinturone e cinghie orlate in oro. I sottufficiali avevano dei laccetti ai polsi in colore giallo.

Gli artiglieri a cavallo erano vestiti grosso modo come i loro consimili dei pezzi a piedi.

Avevano però un pennacchio bianco anziché rosso. La tunica blu aveva i polsini filettati in rosso. Panciotto e pantaloni in pelle con stivali alti alla scudiera in cuoio nero. La sciabola più lunga e pesante aveva un'elsa dorata. Cinghie e cinturone come l'artiglieria a piedi. Giberna in cuoio nero con cifre reali dorate. Gli artiglieri a cavallo avevano in dotazione anche un paio di guanti alti di pelle chiara.

La shabraque di tipo quadrato e i coprifonda erano sempre in blu di Prussia con doppio gallone giallo dilettato in mezzo di nero. Cifre reali sempre gialle con la famosa FR coronata nell'angolo basso posteriore. Porta mantello blu di Prussia.

Gli ufficiali portavano il panciotto abbellito da filetti dorati, ed il pennacchio del loro cappello era bianco su base nera.

Quello dei sottufficiali al contrario era bianco su base nera. Tutti avevano i bottoni gialli.

▲ Federico II ormai anziano fa visita ai suoi contadini, che raccolgono patate. Quadro di Robert Warthmüller.
Frederick the Great of Prussia examines the potato harvest Robert Warthmüller.

▲ **Tav. 31 -** Ufficiale ferito dell'8° Reggimento ussari (1757 al 1785 Von Werner)
Wounded officer of 8th Hussar regiment (from 1757 to 1785 Von Werner)

CRONOLOGIA

Prima guerra di Slesia 1740-1742
1741 10 aprile, battaglia di Mollwitz
1742 17 maggio, battaglia di Chotusitz

1742 28 luglio, Pace di Berlino

Seconda guerra di Slesia 1744-1745
1745 4 giugno, battaglia di Hohenfriedberg
1745 30 settembre, battaglia di Soor.
1745 15 dicembre, battaglia di Kesseldorf

1745 25 dicembre, Pace di Dresda

Guerra dei sette anni 1756-1763
1756 1 ottobre, battaglia di Lobositz
1757 6 maggio. Battaglia di Praga
1757 18 giugno, battaglia di Kolin
1757 30 agosto, battaglia di Gross-Jägersdorf
1757 7 settembre, combattimento di Gorliz
1757 26 settembre, combattimento di Bahrsdorf
1757 30 novembre, battaglia di Rossbach
1757 5 dicembre, battaglia di Leuthen
1758 26 agosto, battaglia di Zondorf
1758 14 ottobre, battaglia di Hockkirchen
1759 23 luglio, battaglia di Kay o Paltzig
1759 12 agosto, battaglia di Kunesdorf
1759 20 novembre, combattimento di Maxen
1760 25 giugno, combattimento di Landshut
1760 15 agosto, battaglia di Liegnitz
1760 20 agosto, combattimento di Strehlen
1760 3 novembre, battaglia di Torgau
1762 21 luglio, battaglia di Burkersdorf
1762 16 agosto, combattimento di Reichebnach
1762 29 ottobre, battaglia di Freiberg

1763 10 febbraio, Pace di Parigi
1763 15 febbraio, Pace di Hubertsburg

1786 17 agosto, muore Federico II il Grande

BIBLIOGRAFIA

– Luca Stefano Cristini *"Prussian and Austrian army uniform in 1742-1770,* Soldiershop, 2016.
– Thomas Carlyle, *"History of Friedrich II of Prussia, Frederick the Great"*, the Library of Alexandria;
– Philip G. Dwyer, *"The Rise of Prussia. 1700-1830"*, Routledge, New York, 2013;
– Marian Füssel, *"La Guerra dei Sette Anni"*, il Mulino, Bologna, 2013;
– Andrea Frediani, *"I Grandi Condottieri che hanno cambiato la Storia"*, Newton Compton Editori, Roma, 2005;
– Geoffrey Parker, *"La Rivoluzione Militare"*, il Mulino, Bologna, 1990;
– John Abbott, *"A Short History of Prussia"*, Didactic Press, 2013;
– David G. Chandler, *"Le Campagne di Napoleone"*, BUR, Milano, 1968;
– Renata Ago e Vittorio Vidotto, *"Storia Moderna"*, Editori Laterza, Bari, 2004;
– W.F. Reddaway, *"Federico il Grande",* Dall'Oglio Editore, Milano, 1953.
– Luigi Casali, *"Federico II di Prussia",* Mursia Editore, Milano, 1990.
– Fred Anderson, *Crucible of War: The Seven Years' War and the Fate of Empire in British North America, 1754–1766.* Faber and Faber, 2000.
– Robert B. Asprey, *Frederick the Great: The Magnificent Enigma.* Ticknor & Field Publishing, 1986.
– Daniel Baugh, *The Global Seven Years War 1754-1763*, Routledge, 2014,
– Alice Clare Carter, *The Dutch Republic in Europe in the Seven Years War.* MacMillan, 1971.
– AA.VV., The New Cambridge *Modern History, 7.The Old Regime,* Cambridge University Press, 2008
– Christopher Clark, Iron Kingdom, *The Rise and Downfall of Prussia, 1600-1947*, Penguin, 2006,
– Jonathan R. Dull, *The French Navy and the Seven Years' War.* University of Nebraska Press, 2005.
– William H. Fowler, *Empires at War: The Seven Years' War and the Struggle for North America.* Vancouver: Douglas & McIntyre, 2005.
– Marian Füssel, *Der Siebenjährige Krieg. Ein Weltkrieg im 18. Jahrhundert, 2ª*, München, Beck, 2013
– Daniel Marston, *The Seven Years' War*, Osprey, 2014.
– Frank McLynn, *1759: The Year Britain Became Master of the World.* London: Jonathan Cape, 2004.
– H.J.Redman, *Frederick the Great and the Seven Years' War, 1756-1763*, McFarland, 2014.
– Dennis Showalter, *Frederick the Great: A Military History,* Casemate Publishers, 2012,
– Franz A.J. Szabo, *The Seven Years War in Europe 1756–1763,* Pearson Education, 2008
– William M.Thackeray, *The Luck of Barry Lyndon.* Giunti Editore; 2001.
– Franz Kugler, *Federico il Grande,* Collana Figure e Avvenimenti, Edizioni Elettra, Milano, 1936
– Emilio Canevari, *Federico il Grande*, Mondadori, Milano, 1944
– Emilio Franzina, *Federico il Grande*, Collana I Protagonisti della civiltà, Edizioni Futuro, 1965
– Gerhard Ritter, *Federico il Grande*, Nuova collana storica, Il Mulino, Bologna, 1970
– Nancy Mitford, *Federico il Grande,* Collana Fatti e Figure, CDE, Milano, 1973
– Thomas Mann, *Federico e la grande coalizione.* Treves Editore, 2006
– Wolfgang Venohr, *Federico il Grande, re di Prussia*, trad. Garzanti, Milano, 1988,
– Theodor Schieder, *Federico il Grande,* Collana Biblioteca di cultura storica, Einaudi, Torino, 1989
– Alessandro Barbero, *Federico il Grande*, Collana Alle 8 di sera n.9, Sellerio, Palermo, 2007.
– AA.VV. *Uniforms of the seven years war - Prussia,* Greenwood & Ball Ltd. 1974
– Adolph Menzel, *Die Armee Friedrichs des Grossen in ihrer uniformierung,* Battenberg verlag 1998.
– John Mollo, *Uniforms of the seven years war 1756-63,* Blandfors press 1977.
– Richard Knotel, *Der Alte Fritz in 50 bildern*, Harenberg Dortmund 1981.
– Hans Bleckwenn, *Altpreussische Uniformen,* Harenberg Dortmund 1981.
– Philip Haythornhwaite e Bryan Fosten, *Frederick the great's army 1 cavalry,* Osprey 1991
– Philip Haythornhwaite e Bryan Fosten, *Frederick the great's army 2 infantry* Osprey 1991
– Philip Haythornhwaite e Bryan Fosten, *Frederick the great's army 3 specialist troops* Osprey 1991

www.ingramcontent.com/pod-product-compliance
Lightning Source LLC
LaVergne TN
LVHW070446070526
838199LV00037B/705